Edita: Planeta DeAgostini, S.A.
Realización editorial: (sic) idea y creación editorial, s.l.
Diseño: El taller interactivo, s.l.

Producción fotográfica de las recetas: Gastromedia, S.L.
(www.gastromedia.es)
Fotógrafos: Christian Martínez Kempin y Pablo G. Sarompas
para Gastrofotos (www.gastrofotos.com)
Agradecimientos: Restaurante El Fogón de Zein, Restaurante
Urrechu, Porcelanas Bidasoa.

c/o Guillermo Schavelzon & Asoc., Agencia Literaria
e-mail: info@schavelzon.com

ISBN: 84-674-0958-4
Déposito legal: NA-2148-2004

Imprime: Gráficas Estella
Impreso en España

Cocinar con

INÉS Y SIMONE ORTEGA

Arroces y pastas

Presentación

Este volumen está dedicado a dos ingredientes básicos de la cocina: la pasta y el arroz. En él encontrará recetas variadas, apetecibles y aptas para todas las ocasiones.

El arroz, una vez cocido, se puede utilizar de muchas maneras diferentes: guisos, sopas, postres o ensaladas. Como norma, el arroz se cuece en el doble de agua o líquido, según para qué plato se vaya a utilizar y se debe agregar al agua cuando ésta hierva a borbotones. Según la clase de arroz, su cocción será más rápida o más lenta; y si se remueve, habrá que hacerlo con una cuchara de madera, preferentemente de boj.

El arroz que más se usa en nuestro país es el de grano corto, excelente para paellas y guisos. El de grano largo tiene menos almidón y queda más suelto. El éxito de la cocina asiática ha traído variedades de arroz como el Thai o el Basmati, muy aromáticos y que se utilizan sobre todo para acompañar platos de curry.

La pasta, ya sea fresca o seca, tiene muchos adeptos en la cocina. Ingrediente versátil y fácil de preparar, ofrece tantas posibilidades a la hora de prepararla que casi nunca defrauda. Cuando preparemos pasta debemos tener en cuenta que aumenta casi cuatro veces su volumen, por lo que la ración ideal para un adulto es 150 g.

Los italianos la comen al dente. En nuestro país, sin embargo, la preferimos algo más hecha, que además resulta más fácil de digerir. La pasta larga debe cocerse en olla alta y la proporción de agua debe ser de un litro por cada 100 g de pasta y 10 g de sal. Por último, conviene tener en cuenta que, aunque la pasta de trigo duro no engorda, si deseamos cuidar la línea, deberemos vigilar la salsa con la que la acompañamos, que tendrá que ser a base de verduras o hierbas, como tomate rallado con albahaca.

Sumario

VINO BLANCO Blancos ligeros y frescos para marisco y pescados poco condimentados. Espumosos y ligeros para aperitivos. Con cuerpo, para pescados con salsa. Aromáticos con cuerpo para cremas espesas. Blancos fermentados para ahumados y carnes blancas. Ligeros y aromáticos para quesos frescos y suaves. Secos, para pastas con pescado.

VINO ROSADO Caldos ideales para comidas especiadas o picantes. Ligeros para aperitivos. Rosados con estructura para charcutería y arroces con pescado.

VINO TINTO Tintos aromáticos no muy corpulentos para carnes blancas y arroces con carne. Con cuerpo y estructurados para carnes rojas. Muy corpulentos para asados, potentes para carnes estofadas, con mucho cuerpo para caza de pelo y quesos secos. Estructurados y consistentes para quesos azules. Tintos ligeros para platos especiados.

Técnicas culinarias

El arroz

La pizza, una larga historia

El arroz

Originario de Oriente, el arroz se ha ido extendiendo por todo el mundo hasta llegar a convertirse en un producto de consumo universal. Por su sabor y textura se presta tanto a consumirse solo como a combinarse con una variada gama de productos: carnes, pescados, verduras o legumbres.

TIPOS DE ARROZ

1 **Blanco sin cáscara.** De grano largo, es estupendo para guarniciones y ensaladas. Tiene poco almidón y se conserva muy suelto. De grano corto como el bomba y el grana grossa, ideal para platos al horno, guisos en cazuela y postres.
Glutinoso. Es el arroz básico de los laosianos y de los habitantes del norte de Tailandia. Puede ser blanco o negro. A pesar de su nombre, no contiene gluten.

2 **Integral.** Muy alimenticio y rico en vitaminas. Goza de buena fama entre los vegetarianos. Tarda más en cocer, pero tiene la ventaja de que no se pasa y da buen resultado recalentado.
Silvestre. Es la semilla de hierba acuática que crece alrededor de algunos lagos norteamericanos. Muy caro y sofisticado.
Instantáneo. Se prepara en pocos minutos añadiéndole agua caliente.

3 **Basmati.** Estupendo para platos con curry, así como para los biryani y los pilaf. Es aromático y de grano largo. Se cultiva en las estribaciones del Himalaya, de Bangladesh hasta la India.
Vaporizado. Ha sufrido un tratamiento especial para que al quitarle su cáscara muchos elementos se traspasen al propio grano.

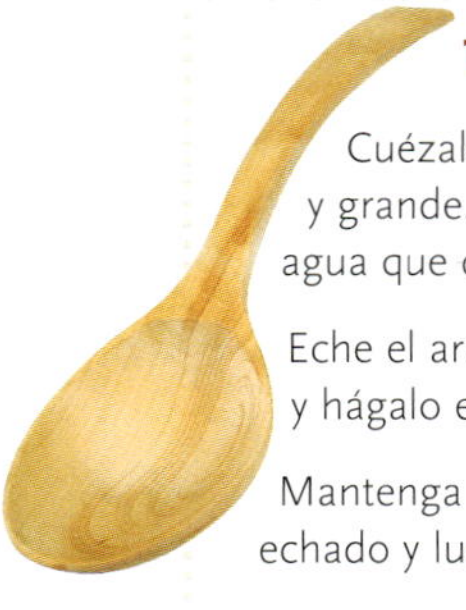

TRUCOS

Cuézalo en abundante agua con sal en una cacerola alta y grande. La proporción ideal es algo más del doble de agua que de arroz.

Eche el arroz cuando el líquido hierva a borbotones y hágalo en forma de lluvia para que no se peguen los granos.

Mantenga el fuego alto durante 5 minutos después de haberlo echado y luego vaya bajándolo gradualmente.

Cada tipo de arroz tiene un tiempo de cocción, por lo que conviene seguir bien las instrucciones para cada caso.

A excepción de la paella, el arroz puede removerse de vez en cuando con una cuchara de madera.

Al empezar a cocer las paellas o arroces si le añade unas gotas de zumo de limón, quedará más suelto.

Una vez cocido déjelo reposar unos minutos, échelo luego en un colador, páselo bajo el grifo de agua fría y escúrralo bien.

CONVIENE SABER

El agua: Alrededor de este elemento sigue habiendo más de un tópico, aunque la pureza o mineralización del agua natural de cada zona pueda tener una débil influencia, no debemos exagerar. Lo que más influye es la altura del lugar en que se prepare, porque el punto de ebullición del agua varía según la diferente altitud, pero esto se puede corregir dándole unos minutos más o menos de cocción.

El aceite: Es otro factor importante, ya que el arroz deberá quedar suelto y con el grano entero (que se note en la boca), ni demasiado cocido ni duro, y para ello hay que acertar con la proporción de aceite de oliva que debe utilizarse sin pecar por defecto ni por exceso. El aceite necesario variará en función de la cantidad de arroz.

El arroz: Sobre las calidades hay que señalar que un arroz corriente y de variedad botánica «Originario», «Benlloch», «Colusa» u otro tipo parecido perlado no muy grande es el que ofrece más garantías. La variedad hasta ahora preferida para una buena paella es la llamada «Bomba», que da excelentes resultados.

DIETÉTICA

- El arroz es escaso en proteínas y grasas y por ello se recomienda en regímenes dietéticos. En cambio, es rico en vitaminas B y E.
- La parte exterior del endosperma, que llamamos salvado, es más rica en elementos nutritivos (vitaminas y sales minerales). Contiene en su mayor parte almidón y también algunas vitaminas y sales minerales.
- En los granos de arroz podemos encontrar fósforo, que facilita el trabajo intelectual, y potasio, que calma los nervios y facilita la relajación muscular.
- El arroz contiene poco sodio y puede formar parte de los alimentos de un régimen sin sal. Al contener pocas proteínas y poco calcio, es un complemento estupendo para platos de carne, huevos y leche. Se digiere con facilidad y no contiene gluten.
- Posee 363 calorías por cada 100 gramos.
- El integral y el vaporizado son ricos en vitaminas B_1 (tiamina) y B_2 (riboflavina).
- El descubrimiento del poder curativo del salvado de arroz salvó la vida de muchas personas enfermas de beriberi.
- Según la dietoterapia china el arroz aumenta la energía vital y fortalece el bazo y el estómago.
- Elimina la polidipsia y la diarrea. Fomenta los fluidos corporales, aclara la visión y fortalece los huesos y los músculos.

La pizza, una larga historia

TRUCOS

1 **Masa casera:** 350 g de harina especial, 1 cucharadita de sal, 1/2 cucharadita de levadura en polvo, 1 cucharada de aceite de oliva o girasol y 20 cl de agua templada.

2 Al preparar la masa asegúrese de que el agua esté a la temperatura debida y que el lugar elegido para que fermente la masa sea caliente y húmedo. Si la masa se le pega a las manos es porque necesita más harina.

3 Para hacer que suba más rápido hay un truco que utilizan los cocineros: ponga la ensaladera con la masa de la pizza cubierta con un paño en un recipiente lleno hasta la mitad de agua caliente.

Fue en la primera mitad del siglo XVI cuando la pizza entró en los libros de cocina de la mano de Messibugo, que trabajó en la corte de Ferrara. Desde luego, su receta aparece embellecida y enriquecida para que fuese digna de los banquetes principescos. De ella nos habló un famoso cuenta cuentos llamado Giovanni Basile quien en *Lo cunto de li cunti,* publicado en 1634, nos habla de una pequeña pizza. Como podemos observar, hay versiones populares y principescas de la pizza y este término se aplica a diferentes productos.

Para explicar el éxito de este redondel de masa tendremos que esperar hasta comienzos del siglo XVIII, cuando en Nápoles se empezó a reconocer, y luego a comer, antes de que pasara al resto del mundo. Las pizzerías más antiguas se remontan a esta época, y se trataba de panaderías que aseguraban la venta directa y la distribución ambulante de sus pizzas.

¿CÓMO ERAN ESTAS PRIMERAS PIZZAS?

Desde luego no con mozzarella, que pertenecía a los productos lácteos ricos, ni con tomate, que era un producto de temporada. Se trataba de una especie de masa de pan cocida en el horno y sazonada con sal, aceite o manteca, ajo y pequeños champiñones o hierbas aromáticas.

¿DÓNDE SE VENDÍAN?

Estas pizzas se vendían en la calle y cada vez tuvieron peor fama. Tenemos testimonio de ello en una encuesta sobre la alimentación de los napolitanos del año 1803 o en la de Collodi, padre de Pinocchio, que data de 1886. Para que los consumidores más ricos aceptasen esta masa redonda había que entronizarla en la mesa aristocrática. Pero como requería para hacerla un horno de pan,

IDEAS

- Las pizzas pueden servirse desde el aperitivo hasta el postre. Para el aperitivo puede cortar la masa de una pizza en redondeles pequeños o hacer una pizza grande rectangular y luego cortarla en cuadrados.
- Además de con orégano, ingrediente fundamental de la pizza, obtendrá muy buen sabor si la condimenta espolvoreando su superficie con un diente de ajo picado muy finamente.

4 Cuando prepare pizza en casa una buena idea es preparar varias y congelarlas sobre un plato. Al día siguiente, retire el plato y ponga las pizzas en bolsas de congelación. Así siempre tendrá a mano su pizza favorita.

5 Es conveniente hacerlas en un molde especial para ellas. Existen dos modelos, uno liso y otro perforado. Con este último la masa de la pizza quedará más crujiente.

6 Al ir a cocer la pizza, compruebe que el horno esté previamente encendido y muy caliente (240°C). El molde con la pizza deberá colocarse en la bandeja inferior.

también necesitaba mano de obra especializada; prueba de ello es que el rey Fernando II hizo venir a su palacio de Capodimonte a un *pizzaiolo* para que hiciera probar sus pizzas a las damas de la corte. Éste parece también ser el origen de la famosa pizza *margherita* creada para la esposa del rey Humberto I de Italia en 1889.

La primera verdadera pizzería, llamada *Port D«Alba*, aparece en 1830, y tenía un buen horno de ladrillos refractarios y su fuego era alimentado con leña.

Entre los diferentes tipos de pizza, una de las más curiosas es la *pizza a otto* que menciona Alejandro Dumas diciendo que es una pizza que se cocinaba siete días antes y se comía en el octavo. Pero ahí el autor comete un error: en realidad era una especie de pizza a crédito que aunque se comía en el momento, se pagaba ocho días más tarde, eso sí, con intereses.

Hoy en día este alimento se vende prácticamente en todo el mundo y goza de un éxito muy notable, especialmente entre la población más joven. La gran variedad de ingredientes posibles sólo tiene por límite la imaginación de quien la realiza.

Recetas

Pizza dulce. Extienda la masa y sobre ella coloque lonchas de distintas frutas, como manzanas, peras y melocotones. Espolvoree con azúcar moreno y reparta por encima unos montoncitos de mantequilla del tamaño de una avellana; cuézala en el horno caliente hasta que se dore.

Arroz

Arroz a banda

Tiempo de preparación: 40 minutos
Para 6 personas

300 g de arroz
200 g de rape
200 g de langostinos
200 g de congrio
200 g de gallina de mar
10 cl de aceite
150 g de cebolla
300 g de tomates
Condimentos: ajo, azafrán, laurel, tomillo, perejil, sal y pimienta

- Limpie bien el pescado y córtelo en trozos.
- Rehogue en el aceite la cebolla pelada y picada a fuego muy lento y, cuando empiece a tomar color, mójelo con 1,5 litros de agua y prepare un buen sofrito, añadiendo el tomate pelado, la hoja de laurel, un ramito de perejil, otro de tomillo, el ajo y las hebras de azafrán machacadas, así como el pescado.
- Sazone con sal y pimienta y déjelo hervir a fuego vivo durante 15 minutos. Después, ponga el arroz en una cazuela, vierta sobre él el caldo del pescado y deje que cueza 20 minutos. Retírelo y déjelo reposar 5 minutos.
- Sirva el arroz en la misma cazuela y, en otra bandeja, el pescado y los mariscos.

Arroz con costra

Tiempo de preparación: 45 minutos
Para 4 personas

200 g de arroz
250 g de carne (de morcillo)
250 g de gallina
125 g de chorizo
50 g de tocino
50 g de garbanzos
2 huevos
10 cl de aceite
Sal

- Cueza la carne junto con la gallina, el chorizo, el tocino y los garbanzos, como si de un cocido se tratara, de forma que queden 2 ó 3 tazas de caldo, que se separará una vez hecho el cocido.
- Parta la carne, la gallina, el chorizo y el tocino en trozos pequeños y rehógelo todo en un poco de aceite, junto con los garbanzos.
- Rehogue el arroz, añádale el caldo (dos veces el volumen de arroz) y póngalo a cocer a fuego lento durante 15 minutos. Retírelo del fuego y vierta por encima los huevos batidos con una pizca de sal, procurando que cubran toda la superficie.
- Ponga en seguida la cazuela al horno, hasta que el huevo forme una costra dorada. Sírvalo entonces en la misma cazuela.

Arroz al estilo chino

Tiempo de preparación: 30 minutos
Para 4 personas

500 g de arroz	1 bolsa de tallos frescos de soja
100 g de gambas peladas (congeladas)	5 cucharadas de aceite
100 g de magro de cerdo	5 cucharadas de salsa de soja
4 zanahorias medianas	2 huevos
1 pimiento verde grande	Agua y sal

- Deje que se descongelen las gambas a temperatura ambiente.
- Ponga el arroz a cocer en una cacerola con abundante agua hirviendo (unos 13 minutos, aunque depende de la clase de arroz). Una vez cocido, viértalo en un colador grande y refrésquelo al chorro de agua fría. Escúrralo bien y resérvelo.
- En una cacerola, ponga el aceite a calentar y, cuando esté, rehogue las zanahorias, peladas y cortadas en cubitos, así como los pimientos sin simientes y, finalmente, añada los tallos de soja también cortados. Rehogue todo durante 10 minutos, más o menos.
- Mientras, bata los dos huevos y haga una tortilla fina. Córtela en tiritas. Añada entonces la carne picada en cuadraditos, las gambas y las verduras.
- Pasados 5 minutos, eche el arroz y la tortilla, déle unas vueltas, rocíe con la salsa de soja, sale (con cuidado, pues la salsa de soja ya sala) y sírvalo en una fuente.

Arroz con pasas y piñones

Tiempo de preparación: 25 minutos
Para 1 acompañamiento

1 tazón de arroz ya cocido, pero sin rehogar	25 g de mantequilla
2 cucharadas de piñones	Curry o salsa de soja
2 cucharadas de pasas, sin pepitas	Sal

- Ponga en remojo las pasas en agua templada. En una sartén, ponga la mantequilla a derretir y, cuando esté, rehogue en ella ligeramente los piñones.
- Añada las pasas escurridas y secas con un paño y, a continuación, el arroz. Rehogue durante 10 minutos a fuego suave.
- Agregue entonces el curry (al gusto, según se quiera de fuerte) y sal o salsa de soja (en este último caso, no ponga sal, pues la salsa de soja ya sala). Sírvalo en seguida.

Arroz al estilo indio

Tiempo de preparación: 30 minutos
Para 4 personas

400 g de arroz basmati o de grano largo	100 g de pasas sin semillas
1 cebolla (60 g)	50 g de piñones
4 cucharadas de aceite	Curry
1/2 cucharadita de canela molida	Sal

- Ponga en remojo las pasas en agua templada. Prepare el arroz como para blanco, pero teniendo en cuenta que el basmati tarda algo más de tiempo en cocerse.
- Mientras, pele y pique menuda la cebolla. Reserve.
- En una sartén, ponga el aceite a calentar y, cuando esté, fría ligeramente los piñones; sáquelos y resérvelos.
- En ese mismo aceite, eche la cebolla y, cuando empiece a tomar color, añada el arroz cocido y bien escurrido y rehóguelo a fuego suave unos 3 minutos, añadiéndole la canela, el curry, los piñones y las pasas, previamente bien escurridas.
- Mezcle bien todo y sírvalo.

Arroz amarillo para adorno

Tiempo de preparación: 20 minutos
Para 6 personas

500 g de arroz	40 g de mantequilla
1 lata pequeña de guisantes (100 g)	Sal
Hebras de azafrán	

- Prepare un arroz blanco.
- Machaque las hebras de azafrán en el mortero, primero solas y, una vez transformadas en polvo, acompañadas de un par de cucharadas de agua. Añádalo al agua del arroz.
- Caliente los guisantes al baño María con la lata abierta e incorpórelos en el momento de rehogar el arroz con mantequilla. Además de aportar sabor, darán un aspecto muy vistoso a la presentación.

Arroz blanco a la cubana

Tiempo de preparación: 45 minutos
Para 6 personas

500 g de arroz
6 plátanos medianos
6 huevos
50 g de mantequilla
Agua hirviendo abundante
1 l de aceite
Sal

1 Una vez lavado el arroz, reserve antes de rehogarlo.

2 En una sartén, ponga el aceite a calentar y, cuando esté en su punto, fría los plátanos pelados y partidos en dos de modo que conserven su longitud y tengan la mitad de anchura. Reserve en un plato al calor (a la boca del horno ligeramente caliente y abierto).

3 Ponga a calentar la mantequilla en una cacerola y eche el arroz bien escurrido. Sazone de sal y rehogue.

4 Fría los huevos de uno en uno, cascándolos cada vez en una taza de té para poder echarlos en el aceite lo más cerca posible y de una vez, para que adquieran una bonita forma.

5 Ponga el arroz en una fuente redonda. Alrededor, distribuya los huevos fritos y entre ellos, los medios plátanos.

6 Coloque sobre el arroz los otros medios plátanos y sírvalo en seguida.

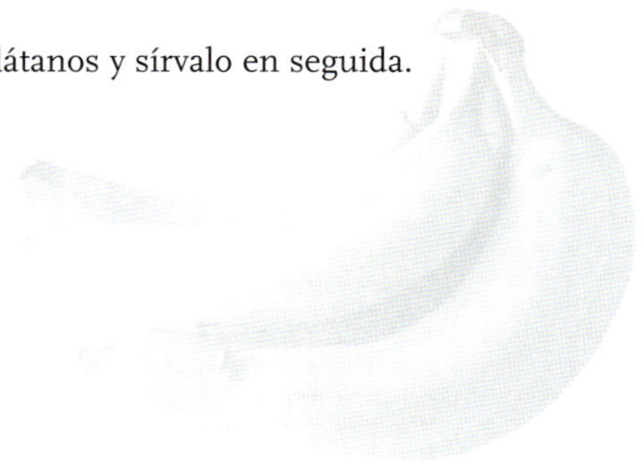

Arroz blanco con gambas, rape y mejillones

Tiempo de preparación: 45 minutos
Para 6 personas

500 g de arroz
250 g de rape
250 g de gambas
1 kg de mejillones
5 cl de vino blanco
30 cl de leche fría
30 cl de caldo de cocer el pescado
1 cucharada de cebolla picada
2 cucharadas de aceite fino
1 cucharada de puré concentrado de tomate
2 cucharadas de harina
1 cucharada de perejil picado
70 g de mantequilla
1 hoja de laurel
1 ramita de perejil
Agua y sal

1 Prepare un arroz blanco. En una sartén, ponga los mejillones, bien lavados y limpios de barbas, con el vino blanco. Tape con una tapadera y déjelos unos 10 minutos a fuego lento hasta que se abran. Retire las conchas (si alguno no se ha abierto, deséchelo, pues es señal de que está malo). Si los mejillones son muy grandes, córtelos en dos con unas tijeras y reserve en un plato tapado con otro plato, para que no se sequen.

2 Cuele el jugo que han soltado por un colador con un paño, para que no pase la arena que suelen soltar, y reserve.

3 En un cazo con agua fría y sal, ponga las cabezas y los desperdicios de las gambas, que se irán pelando de modo que queden sólo las colas en crudo y enteras. Cueza los desperdicios unos 10 minutos y cuélelos para unir su agua de cocción a la de los mejillones. Lave, corte en trozos y reserve también el rape.

4 Prepare una bechamel. En una sartén, ponga algo menos de la mitad de la mantequilla a calentar con el aceite; añada la harina, removiendo con unas varillas, y vaya vertiendo poco a poco la leche, alternando con caldo de cocer los mejillones y las cabezas de las gambas.

5 Deje cocer unos 10 minutos, rectifique de sal y agregue el concentrado de tomate, moviendo bien para que se mezcle y la bechamel adquiera un color de rosa. Debe quedar más bien espesa, pues se va a aclarar con las gambas y el rape, que están crudos. Añada las gambas y el rape y deje cocer la bechamel otros 10 minutos a fuego medio, antes de añadir los mejillones.

6 Para servir, dé forma al arroz en un molde en forma de corona, una vez rehogado con la mantequilla y sazonado de sal, y vierta en el centro la bechamel con el pescado. Espolvoreado con perejil picado, ya está listo para servir.

Arroz blanco con pechuga de gallina, champiñones y trufas

Tiempo de preparación: 45 minutos
Para 6 personas

500 g de arroz	2 trufas
1 pechuga de gallina	50 g de mantequilla
1 puerro pequeño	2 cucharadas de aceite
1 zanahoria	30 cl de leche fría
1/2 hoja de laurel	25 cl de caldo de cocer la gallina
250 g de champiñones de París	2 yemas de huevo
1 limón (el zumo)	Sal

1. En un puchero pequeño, ponga a cocer a fuego medio la pechuga de gallina, el puerro (sólo la parte blanca) cortado en dos, la zanahoria en rodajas, el laurel, agua fría que lo cubra todo bien y sal.

2. Cueza durante 60 minutos, aproximadamente, y antes de retirar del fuego, compruebe que la gallina está tierna. Prepare entonces el arroz blanco y resérvelo sin rehogar hasta que lo vaya a servir.

3. Prepare los champiñones, limpiándolos y separando las cabezas de los pies (desechando de éstos la parte arenosa). Córtelos en rodajas no muy finas y vaya echándolas en agua con zumo de medio limón. Cuando estén todos los champiñones limpios, póngalos en un cazo con 25 g de mantequilla, unas gotas de limón y sal. Tape el cazo con tapadera y deje cocer a fuego lento unos 10 minutos.

4. Mientras, prepare la bechamel. En una sartén, ponga unos 25 g de mantequilla a derretir con el aceite. Cuando esté derretida, añada la harina y remueva con unas varillas. Agregue entonces poco a poco la leche, alternando con el caldo de la gallina, sale y, sin dejar de remover, deje cocer unos 15 minutos. Incorpore a la bechamel los champiñones con su jugo, la trufa y la gallina en trocitos.

5. Rehogue el arroz y, con la ayuda de un molde, déle forma de corona. A continuación, vuélquelo en una fuente.

6. En un tazón, deslíe las 2 yemas con un poco de bechamel, para que no se cuajen, y agréguelas a la bechamel, revolviendo bien sin que cueza ya. Vierta la bechamel en el centro del arroz y sirva inmediatamente.

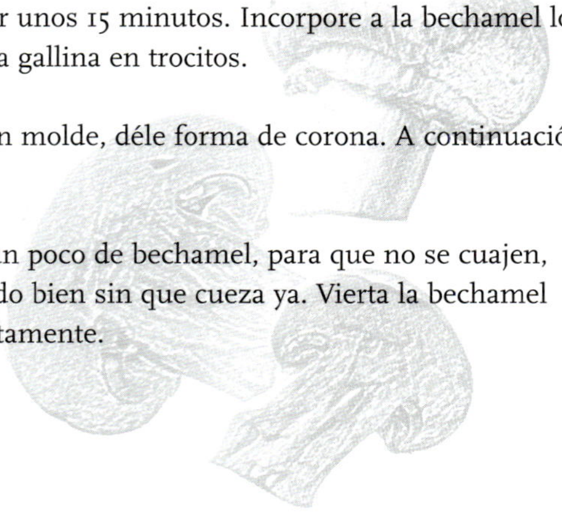

Arroz blanco con salmón

Tiempo de preparación: 30 minutos
Para 4 personas

100 g de salmón ahumado
400 g de arroz de grano largo
1 brick de nata líquida pequeño
1 cebollita francesa
1 y 1/2 cucharadas de aceite
2 cucharadas de perejil picado
Hebras de azafrán
Sal

- Cueza en agua abundante el arroz el tiempo indicado en el paquete (de 15 a 20 minutos). Refrésquelo en el colador bajo el chorro de agua fría y resérvelo.
- En una sartén pequeña, ponga el aceite a calentar y estofe la cebollita muy picada hasta que se ponga transparente (unos 5 minutos).
- En el mortero, machaque el azafrán y disuélvalo con algo de nata.
- En un cazo, ponga el aceite con la cebollita, eche el arroz, revuelva bien y añada la nata, el salmón cortado en tiras y el azafrán machacado. Revuélvalo y caliéntelo muy bien.
- Sale a su gusto, añada el perejil, remueva otra vez con cuidado y sirva.

Arroz hindú de acompañamiento

Tiempo de preparación: 35 minutos
Para 4 personas

400 g de arroz ya cocido, pero sin rehogar
2 cucharadas de piñones
2 cucharadas de pasas sin pepitas
25 g de mantequilla
Curry o soja
Sal

- Ponga las pasas en remojo en agua templada (el tiempo dependerá de lo secas que estén).
- Derrita la mantequilla y, cuando esté caliente, rehogue un poco los piñones. Añada las pasas escurridas y secadas con un paño y, seguidamente, el arroz.
- Rehóguelo durante unos 10 minutos a fuego suave.
- Incorpore finalmente el curry (a gusto, según se quiera de fuerte) y sal, o bien salsa de soja, pero entonces sin sal, y sirva en seguida.

Arroz blanco con riñones

Tiempo de preparación: 40 minutos
Para 6 personas

1 riñón de ternera (500 g)
500 g de arroz
10 cl de jerez
5 cucharadas de aceite
2 cucharadas de harina
40 cl de agua
40 g de mantequilla
Agua
Sal

- Limpie y lave los riñones. Prepare el arroz blanco y, una vez refrescado, reserve.
- Haga la salsa: en una sartén, ponga el aceite a calentar, eche la harina y, moviendo con unas varillas, cueza hasta que tome color tostado. Añada el vino, el agua y la sal, moviendo para que no se formen grumos. Deje cocer esta salsa unos 5 minutos y luego incorpore los trocitos de riñones, para que cuezan otros 5 minutos.
- Rehogue y sale el arroz y, a continuación, déle forma en un molde de corona.
- Vuélquelo en una fuente y coloque los riñones con su salsa en el centro. Sirva en seguida.

Arroz blanco

Tiempo de preparación: 20 minutos
Para 4 personas

500 g de arroz
Agua abundante
50 g de mantequilla o aceite
Sal

- En una cacerola, ponga agua abundante a cocer y, cuando hierva a borbotones, eche el arroz y muévalo con una cuchara de madera para que no se apelmace.
- Deje que cueza a fuego vivo de 12 a 15 minutos, según la clase. Añada entonces en un colador grande, póngalo al chorro de agua fría y hágalo saltar para que quede todo él bien lavado. Déjelo en el colador hasta el momento de emplearlo.
- Ponga en una sartén la mantequilla a calentar y, cuando se haya derretido, eche el arroz y sálelo, dándole vueltas con ayuda de una cuchara de madera.
- Cuando esté caliente, retírelo y sírvalo en una fuente. Si va a esperar, resérvelo sobre la bandeja caliente y en un recipiente tapado.

Arroz caldero

Tiempo de preparación: 45 minutos
Para 6 personas

400 g de arroz
500 g de mero, rape, dorada y mújol
200 g de langostinos o gambas peladas
1 gallina de 500 g
2 ñoras
3 cabezas de ajo
200 g de aceite de oliva
2 tomates maduros

1. Ponga al fuego un caldero con aceite. Cuando esté caliente, fría las ñoras. Una vez fritas, sáquelas y eche las cabezas de pescado. Saque éstas cuando estén fritas y añada el tomate pelado y picado. Pasados 5 minutos, vierta 2 litros de agua.

2. Aparte, pique en un mortero las ñoras fritas y una cabeza de ajo cruda y eche todo en la olla. Deje cocer 5 minutos y cueza en este caldo el pescado cortado en rodajas gruesas con sal. Una vez cocido, reserve en una fuente.

3. Rectifique de sal el arroz y agréguelo al caldo. Deje cocer 20 minutos a fuego lento y, unos minutos antes de finalizar la cocción, coloque los langostinos por encima.

4. En un mortero, machaque una cabeza de ajo y mézclela con una taza del caldo, que se utilizará para rociar el pescado en el momento de servirlo.

5. Para acompañar el arroz, prepare un ajoaceite con dos cabezas de ajo peladas y machacadas en un mortero, mezcladas con aceite y sal y removidas hasta conseguir la uniformidad.

Arroz caldoso a la marinera

Tiempo de preparación: 35 minutos
Para 6 personas

400 g de arroz
250 g de tomates
250 g de gambas
500 g de almejas
150 g de guisantes desgranados
6 alcachofas pequeñas y tiernas
5 cucharadas de aceite
1 cebolla grande (150 g)
1 ajo
1 cucharadita de pimentón
1 hoja de laurel
Sal

- En una sartén, ponga las almejas bien lavadas con un poco de sal y vierta algo de agua en el fondo. Tape la sartén y saltee las almejas sobre el fuego hasta que se abran. A continuación, retire las conchas vacías.
- Ponga el aceite a calentar en una cazuela y, cuando esté caliente, fría en él la cebolla picada. Cuando esté bien dorada, agregue el diente de ajo y los tomates.
- Rehogue unos 10 minutos y eche el pimentón, revuelva y añada las gambas peladas, las colas y el arroz, rehogándolo todo junto.
- Vierta 1 litro de agua (a la que habrá añadido el agua de las almejas, bien colada por un trapo) y deje hervir 5 minutos. Incorpore los guisantes y las alcachofas (cortadas por la mitad) y cueza todo junto.
- Pasados unos 20 minutos, retire la cazuela del fuego, coloque las almejas por encima y sirva en platos hondos.

Arroz al horno

Tiempo de preparación: 35 minutos
Para 6 personas

500 g de arroz
500 g de patatas
2 tomates
5 cucharadas de aceite
2 dientes de ajo
Sal

- En una cazuela de barro plana, caliente el aceite y rehogue los ajos picados y, un par de minutos después, los tomates pelados, sin simientes y muy picados.
- Una vez bien rehogados (unos 8 minutos), añada las patatas, cortadas ligeramente más gruesas que para tortilla, sale y echa por encima el arroz.
- Rocíe con el doble (o algo más) del volumen del arroz, pruebe y rectifique de sal y lleve la cazuela al horno, previamente calentado 5 minutos.
- Hornee hasta que el arroz esté seco y algo dorado, y sírvalo en la misma cazuela.

Arroz con acelgas y judías blancas

Tiempo de preparación: 35 minutos
Para 4 personas

250 g de arroz
200 g de judías blancas
500 g de acelgas
500 g de caracoles
1 cebolla mediana (100 g)
2 tomates bien maduros
1 diente de ajo
1 ramita de perejil
1 hoja de laurel
1 cucharadita da de pimentón
3 cucharadas de aceite
Agua
Sal

1 La víspera, ponga las judías en remojo en agua fría sin sal.

2 En una cacerola, ponga las judías en agua fría sin sal y, cuando empiece el agua a hervir, tírela y reponga agua fría bastante abundante. Deje cocer entonces durante unos 60 minutos (según la clase de las judías).

3 Mientras, lave y pique las acelgas, y haga también el refrito.

4 En una sartén, ponga el aceite a calentar y eche la cebolla muy picada. Cuando ésta se haya puesto transparente, sin dorarse apenas (unos 6 minutos), añada el tomate, el ajo (entero) y la ramita de perejil.

5 Deje cocer a fuego medio, que se refría todo junto durante unos 3 minutos. Aparte un poco la sartén del fuego y añada el pimentón. Revuelva bien todo.

6 Cuando las judías lleven cociendo unos 60 minutos, añádales las acelgas y el refrito. Sale y deje que cueza todo junto a fuego lento durante 30 minutos.

7 Vuelque la cacerola, con el fin de retirar todo el caldo, que recogerá en otro cazo, e incorpore entonces al guiso el arroz. Déle unas vueltas en seco con una cuchara de madera y en seguida vierta tres tazones del caldo reservado.

8 Póngalo a fuego vivo hasta que rompa de nuevo el hervor y entonces baje el fuego y deje cocer durante unos 20 minutos (depende de la clase de arroz).

9 Retire del fuego, ponga el recipiente sobre una bayeta húmeda y deje reposar el arroz unos 4 ó 5 minutos antes de servirlo. El plato debe de quedar algo caldoso, pero sin que se tenga que comer con cuchara.

Arroz con almejas y pimentón

Tiempo de preparación: 25 minutos
Para 4 personas

500 g de arroz
4 docenas de almejas pequeñas o chirlas
2 cebollas (150 g)
1 pimiento
2 tomates (150 g)
4 cucharadas de aceite
2 dientes de ajo
1 cuchara de perejil picado
1 cucharadita de pimentón
Azafrán (un pellizco)
Sal

- Ponga el aceite en una cazuela al fuego y, cuando esté caliente, fría la cebolla, pelada y picada muy menuda, y el pimiento en trozos, sin simientes ni partes blancas.
- Añada un par de dientes de ajo y el perejil, ambos bien picados y, cuando esté bien refrito, los tomates pelados, sin semillas y en trozos. Deje que se rehogue.
- Aparte, en una sartén, ponga las almejas (previamente lavadas) con un poco de agua. Cuando estén abiertas, retire la media concha vacía y reserve las otras al calor.
- Eche el arroz en la cazuela, sale y añada el pimentón. Rehogue todo y agregue agua o caldo (el doble del volumen de arroz), dejándolo cocer durante unos 12 minutos (depende de la marca de arroz).
- Por último, incorpore el pellizco de azafrán tostado y reducido a polvo y las almejas. Deje reposar el arroz unos minutos antes de servirlo.

Arroz con carne picada

Tiempo de preparación: 20 minutos
Para 6 personas

400 g de carne picada
250 g de arroz salvaje
1 cebolla (60 g)
1 pimiento verde
2 tomates
1/2 l de caldo de carne
Páprika (un pellizco)
Sal y pimienta

- Pele y corte la cebolla en rodajas finas. Limpie el pimiento con un paño y córtelo en tiras, quitando las simientes y las partes blancas.
- En una cacerola, ponga el aceite a calentar, eche la cebolla y las tiras de pimiento y deje que se rehoguen un rato. Añada después los tomates pelados, sin simientes y en trozos, y la carne, aplastándola con un tenedor para evitar que forme bolas.
- Sazone y añada el pellizco de páprika, mezcle bien y añada el arroz. Deje rehogar unos minutos y agregue el caldo.
- Cueza unos 15 minutos, dependiendo de la clase de arroz, hasta que éste haya absorbido todo el líquido, y sirva bien caliente.

Arroz con berenjenas y calabacines

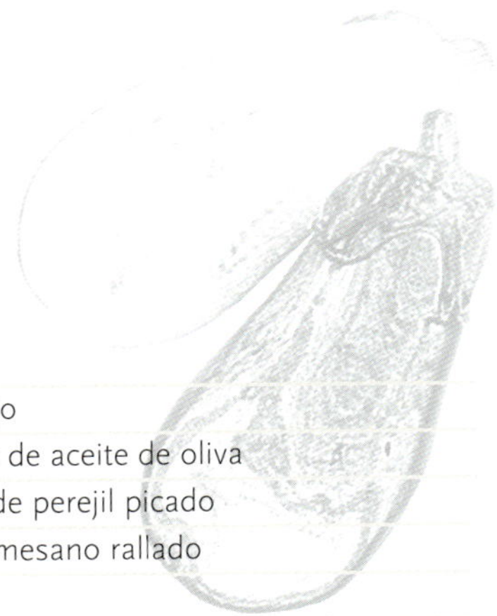

Tiempo de preparación: 30 minutos
Para 4 personas

300 g de arroz
Caldo de verduras o cocido (dos veces y media el volumen del arroz)
2 calabacines
1 berenjena
2 cebollas (160 g)
1 diente de ajo
2 cucharadas de aceite de oliva
1 cucharada de perejil picado
100 g de Parmesano rallado
Sal

- Pele y pique las cebollas y el ajo; limpie con un paño las berenjenas y los calabacines, quíteles los extremos y córtelos en dados.
- En una paella, ponga el aceite a calentar y rehogue en él las cebollas y el ajo picados hasta que estén transparentes, añada entonces los dados de calabacín y berenjena y deje que se rehogue todo junto.
- Ponga el caldo a calentar. Cuando hierva, eche en la paella el arroz, déle unas vueltas con una cuchara de madera y añada la mitad del caldo. Cuando casi lo haya absorbido el arroz, añada el resto en varias veces y deje que lo absorba (tardará en total de 15 a 20 minutos).
- Espolvoree con el queso rallado y el perejil picado y sírvalo en seguida.

Arroz con puerros

Tiempo de preparación: 30 minutos
Para 4 personas

200 g de arroz de grano largo
Caldo de verduras o cocido (dos veces y media el volumen del arroz)
3 puerros (sólo la parte blanca)
1 y 1/2 cucharadas de aceite
1 cebolla
50 g de nata líquida
3 cucharadas de Parmesano rallado

- Rehogue en el aceite los blancos de puerros cortados en juliana y una cebolla picada menuda.
- Eche el caldo caliente sobre las verduras y, cuando hierva, añada el arroz y deje que cueza suavemente con la cacerola tapada hasta que haya absorbido todo el líquido.
- Agregue la nata líquida y el queso rallado, mezcle todo bien y sirva.
- En el último momento, introdúzcalo en el horno para darle un toque de gratinado.

Arroz con coliflor y sepia

Tiempo de preparación: 35 minutos
Para 6 personas

500 g de arroz
500 g de sepia o calamar
1,5 kg de coliflor
150 g de cebolla
4 cucharadas de aceite
1 cucharadita de pimentón
Canela (un pellizco)
Pimienta molida
Hebras de azafrán
2 dientes de ajo

- Ponga el aceite en una cazuela y fría un par de dientes de ajo y la cebolla muy picados ambos.
- Cuando empiecen a tomar color, agregue la sepia o el calamar, previamente limpios y cortados en tiras, y rehóguelos ligeramente. Agregue el pimentón, una pizca de canela y otra de pimienta molida.
- Rehogada la sepia o calamar, cubra todo con el agua, póngalo a cocer y vaya removiendo con una cuchara de madera hasta que la sepia esté tierna.
- Añada la coliflor, separada en ramitos, y el arroz, complete el agua necesaria y sazone con un poquito de azafrán machacado en el mortero y desleído con un poco de agua.
- Deje cocer todo unos 20 minutos. Sirva seguidamente, sin dejar que se pase el arroz.

Arroz con repollo

Tiempo de preparación: 35 minutos
Para 4 personas

200 g de arroz
500 g de repollo
2 cebollas (150 g)
200 g de beicon
4 cucharadas de aceite
Caldo (dos veces el volumen del arroz)
Zumo de limón
Sal

- Separe las hojas del repollo y lávelas en agua abundante con un chorro de zumo de limón. Escúrralas y córtelas en tiras finas. Pele y pique menuda la cebolla. Corte el beicon en tiras.
- En una cacerola, mejor de las de barro que pueden ir al fuego, ponga el aceite a calentar y rehogue las tiras de beicon y la cebolla. Cuando ésta empiece a tomar color, añada el arroz y déle unas vueltas con una cuchara de madera y luego añada el caldo hirviendo y el repollo.
- Tape y deje cocer hasta que se haya absorbido todo el líquido (unos 20 minutos). Sírvalo.

Arroz con conejo

Tiempo de preparación: 45 minutos
Para 6 personas

500 g de arroz
1 pieza de conejo
10 cl de aceite
100 g de cebolla
100 g de tomate
2 alcachofas
Pimentón (un pellizco)
Canela (un pellizco)
Perejil
Sal

- Ponga el aceite en una cazuela al fuego para que se caliente y agregue la cebolla picada, el tomate, el ajo y el perejil, también bien picados, rehóguelo un poco y añada el conejo cortado en trozos y las alcachofas cortadas en cuatro.
- Espolvoree con la canela y el pimentón. Tape y déjelo 10 minutos a fuego suave.
- Cuando todo se haya dorado, añada el doble de agua que de arroz, sazone y deje que cueza.
- En cuanto empiece a hervir, añada el arroz y déjelo cocer a fuego lento hasta que esté en su punto. Sírvalo en la misma cazuela.

Arroz con mejillones

Tiempo de preparación: 55 minutos
Para 6 personas

500 g de arroz
1,5 kg de mejillones
1 cabeza de merluza
2 zanahorias
1 cebolla mediana
1 cucharada de vino blanco
5 cl de aceite
1 diente de ajo
2 ramitas de perejil
Hebras de azafrán
Sal

- Pele las zanahorias y córtelas en rodajas gruesas, pele la cebolla y córtela en cuatro. En un cazo, ponga la cabeza de merluza con las zanahorias y la cebolla; sale, cubra con agua y deje cocer durante 20 minutos a fuego medio.
- Aparte, raspe los mejillones para quitarles las barbas, lávelos y póngalos en una cacerola amplia con 10 cl de agua y vino blanco. Cueza hasta que se abran (deseche los cerrados). Sáquelos de sus conchas y resérvelos con un poco de agua de cocerlos para que no se sequen.
- En el mortero, machaque el perejil y el ajo con el azafrán. En la cacerola donde vaya a hacer el arroz, ponga el aceite a calentar; cuando esté, añada lo del mortero, remueva y eche el arroz, que se rehogará en un par de minutos.
- Cubra con el agua donde se coció la cabeza de merluza, en la proporción de dos veces y media el volumen del arroz crudo. Cueza 15 minutos y añada los mejillones, colocándolos sobre el arroz ligeramente hundidos; deje cocer otros 5 minutos (o métalo en el horno previamente calentado). Sáquelo, deje reposar y sirva.

Arroz con habichuelas y nabos

Tiempo de preparación: 2 horas y 45 minutos
Para 4 personas

200 g de arroz	2,5 l de agua
150 g de judías blancas, previamente remojadas	4 cucharadas de aceite
400 g de oreja, pata y rabo de cerdo	1 cebolla mediana picada (100 g)
150 g de tocino fresco	Pimienta
2 morcillas	Hebras de azafrán
8 nabos pequeños	Sal

1 Ponga el agua fría en un puchero hondo. Eche las judías (que habrán estado remojándose en agua fría desde la noche anterior) y añada la media pata, el rabo y la oreja de cerdo, previamente flameados para chamuscarles las cerdas.

2 Cueza a fuego lento en agua sin sal durante 90 minutos, espantando las judías tres veces (es decir, cortándoles la cocción con un poco de agua fría), cada 30 minutos, más o menos.

3 Añada los nabos, pequeños y tiernos, con la piel raspada y cortado el nacimiento de las hojas, y déjelos cocer 30 minutos más, con todo lo del puchero. Con una espumadera, saque la carne, córtela en trocitos y resérvela.

4 Aparte, en una paella honda, ponga el aceite a calentar y, cuando esté caliente, eche la cebolla muy picada. Refríala hasta que empiece a dorarse, añada el arroz y remueva con una cuchara de madera.

5 Mezcle los trozos de cerdo reservados anteriormente y las judías. Cúbralo con cuatro veces el volumen del arroz de caldo de cocer las judías y las carnes (la cantidad de arroz dado para esta receta es un tazón de desayuno mediano, por lo tanto se precisarán cuatro tazones de caldo).

6 En el mortero, machaque las hebras de azafrán con un poco de caldo, viértalo en la paella y mezcle bien. Sale y eche un poco de pimienta molida, remueva y cueza todo junto durante unos 25 minutos (este tiempo puede variar según la clase de arroz).

7 Mientras se hace el arroz, corte en rodajas gruesas las morcillas y fríalas en una sartén. Retire del fuego y deje reposar el arroz sobre una bayeta húmeda durante 3 ó 4 minutos. Mientras reposa, coloque los trozos de morcilla encima. Sírvalo, teniendo en cuenta que este arroz debe de quedar bastante caldoso.

Arroz con jamón y chorizo

Tiempo de preparación: 35 minutos
Para 6 personas

500 g de arroz
100 g de jamón serrano
100 g de chorizo
250 g de guisantes
1 cebolla mediana
100 g de Parmesano rallado
3 cucharadas de aceite
Agua y sal

- En un cazo, ponga agua abundante y, cuando rompa a hervir, eche el arroz, dejándolo cocer durante 15 minutos, más o menos. Cuando esté en su punto, cuélelo y lávelo con agua fría al chorro.
- En una sartén grande, ponga las 3 cucharadas de aceite y la cebolla muy picada. Cuando esté un poco dorada, añada el jamón y el chorizo picado a dados muy pequeños.
- Remueva e incorpore el arroz, sin dejar de revolver con una cuchara de madera, para que se mezcle y se caliente todo por igual.
- Pasados 5 minutos, agregue la sal necesaria y a continuación los guisantes escurridos de su jugo. Revuelva un poco más. Sírvalo en una fuente con el queso rallado aparte.

Arroz al Jerez

Tiempo de preparación: 40 minutos
Para 6 personas

500 g de arroz
10 cl de Jerez
2 cebollas (150 g)
5 cl de aceite
30 g de mantequilla
Caldo de carne o verduras
(el doble del volumen del arroz)
Perejil
Sal

- Caliente el aceite y, cuando esté, eche la cebolla, pelada y picada muy menuda y rehóguela hasta que empiece a tomar color; agregue entonces el arroz y remueva con una cuchara de madera para que quede bien rehogado.
- Añada el Jerez y el caldo hirviendo (puede prepararlo en el momento con agua y una pastilla, de carne o de verduras) y sale con moderación, pues el caldo ya está salado.
- Tape la cacerola, métala en el horno caliente y deje que cueza durante 20 minutos hasta que el arroz esté en su punto.
- En el momento de servirlo, agregue la mantequilla, que deberá estar blanda, removiéndola un poco con el arroz cuando esté derretida, pues de esta manera quedará más suelto.
- Adórnelo con unas ramitas de perejil picado y sírvalo en seguida.

Arroz con langostinos

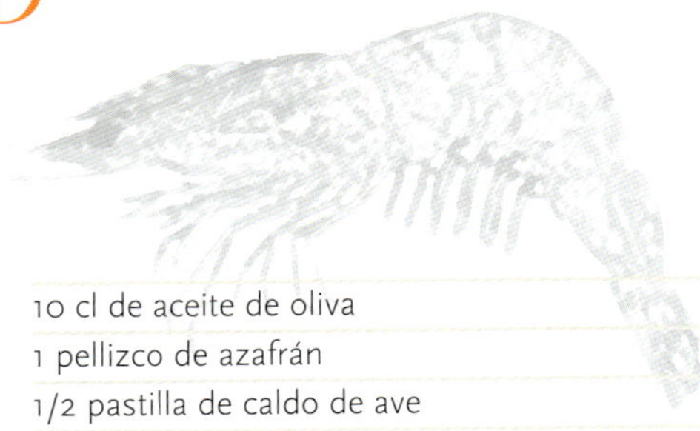

Tiempo de preparación: 40 minutos
Para 4 personas

200 g arroz de grano largo
1 kg de langostinos
500 g guisantes
2 tomates bien gordos y maduros
1 cebolla pequeña
1 diente de ajo
10 cl de aceite de oliva
1 pellizco de azafrán
1/2 pastilla de caldo de ave
Perejil
Sal

- Pele y pique menudos la cebolla, el ajo y el perejil. Pele, quite las simientes y corte en trocitos los tomates.
- En una cacerola de fondo grueso, ponga una cucharada de aceite y eche los guisantes, tápelos y deje que se hagan a fuego lento. En un cazo, ponga a cocer dos veces y media el volumen de arroz de agua, junto con la pastilla de caldo. En una paella caliente el resto de aceite y dore en él la cebolla, el ajo y el perejil, añada el arroz y remueva unos minutos.
- Moje con el caldo hirviendo. Añada el azafrán, los trozos de tomate, los langostinos y los guisantes. Cueza a fuego medio hasta que el arroz esté en su punto y haya absorbido todo el caldo. Sirva en seguida.

Arroz con calamares

Tiempo de preparación: 45 minutos
Para 6 personas

700 g de arroz
1 kg de calamares
500 g de col
2 cebollas medianas
3 tomates
1 pimiento rojo
10 cl de aceite
1 diente de ajo
Sal

- En una cacerola con aceite, sofría el ajo cortado en láminas y, a continuación, los calamares limpios, sin sus bolsas de tinta y cortados en trozos. Luego incorpore las cebollas, peladas y picadas, dórelas ligeramente; añada los tomates, pelados y sin simientes, y rehogue todo.
- Añada las hojas de col, cortadas en juliana bastante grande, y el agua, que lo cubra todo, y deje cocer. Transcurridos unos 30 minutos, agregue más agua (el doble del volumen del arroz en crudo). Incorpore el arroz y, cuando se inicie la ebullición, rectifique de sal y vierta por encima la tinta de los calamares, desleída en un poco de caldo.
- Deje cocer con la cacerola tapada hasta que esté en su punto. Por último, ase el pimiento rojo, pélelo y córtelo en tiras. Coloque por encima del arroz para adornarlo.

Arroz con morcilla

Tiempo de preparación: 40 minutos
Para 6 personas

500 g de arroz
250 g de tocino magro
3 morcillas de cebolla
3 tomates rojos
75 g de manteca de cerdo
100 g de tomate frito
Caldo (dos veces y media el volumen del arroz)
2 dientes de ajo
1 hebra de azafrán
1 ramita de perejil
Sal

- Ponga el caldo a calentar para tenerlo hirviendo cuando lo necesite (puede hacerlo con agua y una pastilla).
- En una cazuela de barro que pueda ir al horno, ponga la manteca a derretir y, cuando esté, añada el tocino en trocitos, los ajos pelados y picados, las morcillas en rodajas y el tomate frito. Sazone ligeramente, remueva y deje que cueza 5 minutos.
- Añada el arroz, remueva y agregue el caldo hirviendo, el azafrán machacado en el mortero y disuelto con un poco de agua, los tomates en rodajas y el perejil.
- Introduzca la fuente en el horno (previamente calentado) a temperatura media unos 20 minutos (según la clase de arroz). Sírvalo en seguida.

Arroz Thai al limón

Tiempo de preparación: 20 minutos
Para 4 personas

250 g de arroz Thai de grano largo
50 g de pasas de Corinto
50 g de láminas de almendra
1 cebolleta
1 limón (el zumo y la piel rallada)
1 cucharadita de azúcar en polvo
2 cucharadas de aceite de girasol
1 cucharada de perejil

- En un cuenco pequeño, mezcle el zumo de limón, la piel rallada y el azúcar.
- Ponga el wok a calentar, eche el aceite y caliéntelo. Cuando esté bien caliente, eche el arroz y rehóguelo durante 1 minuto.
- Añada la cebolla picada, las pasas, las láminas de almendra y la mezcla del cuenco.
- Saltee 3 minutos hasta que el arroz esté bien caliente, espolvoree con perejil picado y sirva.

Arroz con salchichas y manzana

Tiempo de preparación: 30 minutos
Para 4 personas

350 g de arroz
6 salchichas frescas
2 manzanas ácidas
Caldo de carne (dos veces y media el volumen del arroz)
1 cebolla
3 cucharadas de aceite
5 cl de vino blanco seco
70 g de queso rallado
1 cucharada de perejil picado
Nuez moscada
Sal y pimienta

1 En una cacerola, ponga el aceite a calentar y, cuando esté, eche la cebolla y déjela hasta que esté transparente; añada el arroz, déle unas vueltas con una cuchara de madera y agregue el vino y un poco de caldo (justo para que lo cubra).

2 Deje que cueza a fuego lento, añadiendo más caldo hirviendo cuando sea necesario, hasta que el arroz esté en su punto (unos 15 a 20 minutos).

3 Pasados 10 minutos, agregue las manzanas peladas, sin corazón y cortadas en dados, y la carne de las salchichas desmenuzada. Eche pimienta y un poquito de nuez moscada rallada. Continúe la cocción.

4 Cuando esté el arroz, espolvoréelo con el queso rallado y el perejil picado, remueva para que se mezcle bien y sírvalo.

Inés y Simone le aconsejan:

Puede hacer que este plato sea más llamativo machacando unas hebras de azafrán y añadiéndolas en el agua de cocción, así obtendrá un arroz amarillo.

Arroz con zanahorias, jamón y chorizo

Tiempo de preparación: 35 minutos
Para 6 personas

500 g de arroz
100 g de jamón cocido
100 g de chorizo
75 g de zanahorias (puede ser de bote, de la que viene ya cocida)
1 cebolla mediana
100 g de queso Gruyère rallado
3 cucharadas de aceite
Agua
Sal

1. En un cazo, ponga agua abundante (3 litros para el arroz) y, cuando rompa a hervir, eche el arroz para que cueza durante 15 minutos. Cuando esté en su punto, cuélelo y lávelo con agua fría al chorro.

2. En una sartén grande, ponga el aceite y la cebolla muy picada. Cuando esté un poco dorada, añada el jamón y el chorizo picados en dados pequeños.

3. Remueva e incorpore el arroz, revolviendo con una cuchara de madera para que se mezcle y caliente todo por igual.

4. Pasados unos 5 minutos, agregue la sal necesaria y luego las zanahorias, una vez cocidas. Revuelva otro poco.

5. Sírvalo en una fuente con el queso rallado aparte.

Inés y Simone le aconsejan:

Al rehogar el arroz puede añadirle pasas de Corinto y piñones, o bien unos brotes de soja, unos guisantes y un poco de perejil picado. La soja es muy saludable para las mujeres, especialmente en la etapa previa a la menopausia, así como para personas con problemas de osteoporosis o colesterol.

Arroz negro de pescado o de carne

Tiempo de preparación: 35 minutos
Para 4 personas

300 g de arroz
1 cebolla grande (250 g)
1 bote de tomate al natural (250 g)
Ajo y perejil
Sal y aceite

Para el arroz de pescado

4 cigalas
2 sepias medianas
4 gambas
Fumet de pescado
Sal

Para el arroz de carne

250 g de pollo
250 g de conejo
250 g de costillas de cerdo
Caldo de pollo
Sal

1 Si se va a elaborar el arroz negro con pescado, haga primero el fumet cociendo unas raspas de pescado, una hoja de laurel y una cebolla pequeña, en agua con sal.

2 Si se va a elaborar el arroz negro con carne, parta el pollo, el conejo y las costillas de cerdo en trozos no muy grandes.

3 Sale y fría el pescado o la carne y reserve. Pique la cebolla muy fina y dórela en aceite a fuego lento, durante 60 minutos, aproximadamente, hasta que quede de un color muy oscuro (pero no quemada); añada el bote de tomate, sale y siga cociendo a fuego lento hasta conseguir una mermelada.

4 Pique el ajo y el perejil y añádalos a lo anterior, junto al pescado o la carne y con un poco de agua. Déjelo cocer unos 3 ó 4 minutos más, hasta la evaporación del agua, momento en que se añade el arroz.

5 Déle unas vueltas para que se dore algo y se impregne con el sofrito; añada el fumet o el caldo, según el caso (debe calcularse una medida de arroz por tres de fumet o de caldo). Si fuera necesario, rectifique de sal.

Arroz rossejat

Tiempo de preparación: 2 horas y 30 minutos
Para 6 personas

400 g de arroz
250 g de garbanzos (previamente remojados)
1 mano de cerdo
1 oreja de cerdo
150 g de tocino entreverado fresco
2 morcillas
6 cucharadas de aceite
1 cebolla (60 g)
1 ramita de apio
3 dientes de ajo
3 tomates bien maduros (250 g)
2 ramitas de perejil
Hebras de azafrán
Sal

1 En una olla de barro, ponga 2,5 litros de agua fría, la mano y la oreja de cerdo (previamente chamuscadas las cerdas) y el tocino. Cuando empiece a cocer, añada los garbanzos, la cebolla entera y el apio.

2 Deje que cueza a fuego lento durante 90 minutos, desespumando de vez en cuando. Pasado este tiempo, añada las morcillas y el azafrán machacado en el mortero con un poco de caldo. Eche sal y cuézalo 30 minutos más.

3 Saque las carnes, córtelas en trocitos menudos y resérvelas. Saque también las morcillas y córtelas en rodajas no muy finas.

4 En una cazuela de barro resistente al horno, ponga el aceite a calentar y refría los ajos pelados y ligeramente aplastados. En cuanto estén dorados, añada los tomates pelados y cortados en trozos y el perejil. Sofría todo y añádale la carne.

5 Rehogue unos minutos más y eche el arroz, los garbanzos y 50 cl del caldo de cocer la carne y los garbanzos. Rectifique de sal.

6 Introduzca la cazuela en el horno (previamente calentado 5 minutos) y hornee durante 20 minutos. Debe embeberse el caldo y dorarse el arroz. Sirva en seguida.

GRAN FEUDO

Arroz tres delicias

Tiempo de preparación: 25 minutos
Para 4 personas

1 tazón grande de arroz blanco cocido
100 g de gambas peladas
100 g de jamón de York (en 1 loncha)
1 filete de pechuga de pollo
2 huevos
50 g de guisantes
1 cebolleta
4 cucharadas de aceite de cacahuete
Ajinomoto
Pimienta
Sal

- En una sartén, ponga el aceite a calentar y, cuando esté, eche la cebolleta con su tallo verde picada, las gambas y el pollo en trocitos.
- Deje que se rehogue hasta que las gambas y el pollo estén hechos; añada entonces el jamón picado en cubitos y déle unas vueltas.
- Eche los huevos, previamente batidos como para tortilla y, cuando se hayan cuajado, añada el arroz, los guisantes, sal, pimienta y ajinomoto (saborizante usado en la cocina oriental).
- Mezcle bien todo junto hasta que el arroz esté caliente y sírvalo.

Arroz blanco en ensalada

Tiempo de preparación: 25 minutos
Para 6 personas

1 tazón de arroz cocido
1 lata o 1 bolsa de maíz congelado
1 puñado de pasas (sin pepitas)
1 manzana reineta, o más bien ácida

Para la salsa rosa
Salsa mayonesa
Salsa de tomate concentrado
1/2 cucharada de mostaza
1 cucharada de coñac

- Prepare la salsa rosa añadiendo a una mayonesa normal el tomate concentrado, la mostaza y el coñac.
- Si el maíz es congelado, cuézalo en agua hirviendo, durante unos 4 ó 5 minutos, y déjelo enfriar antes de utilizarlo.
- Si las pasas están algo secas, póngalas en remojo en un poco de agua templada y, a continuación, séquelas con un paño.
- Mezcle bien todos estos ingredientes en una ensaladera y póngala en la nevera durante 60 minutos antes de servir.
- Adorne la fuente de servir con rodajas de tomate y de huevo duro.

Risotto con verduras

Tiempo de preparación: 35 minutos
Para 4 personas

250 g de arroz
2 veces el volumen de arroz de caldo (puede emplearse el ya preparado)
150 g de jamón cocido, en una o dos lonchas
3 cucharadas de aceite
2 pimientos rojos
1 lata de guisantes
1 corazón de lechuga
1 cucharadita de pimentón
Sal

- Corte el jamón en tiras y rehóguelas en una cucharada de aceite, añada el arroz y cuézalo unos 15 minutos (según la marca) añadiendo poco a poco el doble de su volumen de caldo.
- Caliente el resto del aceite y rehogue en él los pimientos rojos cortados el tiras, sin partes blancas ni simientes.
- Pasados 5 minutos, agregue el contenido de una lata de guisantes (ó 200 g de guisantes frescos cocidos) y la lechuga cortada en tiras. Sazone y deje cocer 10 minutos.
- Añada el pimentón, remueva y sirva.

Risotto al limón

Tiempo de preparación: 35 minutos
Para 6 personas

500 g de arroz
150 g de champiñones
1 cebolla (60 g)
3 limones (el zumo)
10 cl de vino blanco
Caldo de carne (el doble del volumen del arroz)
3 cucharadas de Parmesano rallado
2 cucharadas de aceite
Sal

- En una cacerola, ponga el aceite a calentar y, cuando esté, eche la cebolla pelada y picada menuda y los champiñones, que antes habrá lavado en agua fría con un chorrito de limón y cortado en trocitos, y deje que se rehoguen suavemente durante 10 minutos.
- Añada el arroz y déle unas vueltas con una cuchara de madera; cuando los granos empiecen a estar transparentes, eche el vino y deje que cueza hasta que se evapore; luego, añada el zumo de los limones y la mitad del caldo.
- Sazone con cuidado, tape y deje que cueza suavemente durante 20 minutos más o menos, añadiendo de vez en cuando un poco de caldo caliente (espere hasta que el arroz haya embebido el caldo que ya tiene).
- Cuando el arroz esté en su punto, añada el queso y mezcle. Sírvalo caliente.

Pastas

Canelones de carne

Tiempo de preparación: 50 minutos
Para 4 personas

150 g de carne de ternera
1 pechuga de gallina cocida
1 seso de cordero cocido
30 g de foie gras
75 g de Gruyère rallado
1 paquete de pasta para canelones
1 cebolla pequeña
30 g de mantequilla
Salsa de tomate
4 cucharadas de aceite de oliva

Para la bechamel

2 cucharadas de aceite fino
2 cucharadas de harina de trigo
75 cl de leche fría
30 g de mantequilla
Sal

1 En una sartén pequeña, ponga dos cucharadas de aceite a calentar y eche la cebolla pelada y muy picadita. Cuando esté transparente, añada dos cucharadas de salsa de tomate, mézclelo con la carne ya picada y con todo lo que se añada a la misma.

2 Cueza los canelones como se indica en el paquete. Escúrralos sobre un paño limpio, enróllelos y colóquelos en una fuente de porcelana o cristal resistente al horno.

3 Haga la bechamel como de costumbre, pero muy clarita.

4 Añada entonces lo que queda de salsa de tomate. Vierta sobre los canelones esta bechamel, espolvoree con el queso rallado y esparza unas virutas de mantequilla por toda la superficie.

5 Métalo a horno (previamente calentado) a gratinar durante 20 minutos.

6 Cuando la superficie está bien dorada, sáquelos y sírvalos cinco minutos después, ya que conservan muchísimo el calor.

Canelones de espárragos

Tiempo de preparación: 45 minutos
Para 4 personas

12 canelones
1 lata de espárragos gordos (blancos o verdes)
75 cl de leche
1 pellizco de queso rallado
1 sobre de sopa de espárragos

1 Si los canelones son de los de cocer, cuézalos; si son de los que no hay que cocer, téngalos en agua durante unas dos horas. Si los espárragos son de lata, escúrralos en un paño limpio; si son frescos, tendrá que cocerlos de antemano.

2 Rellene cada canelón con dos o máximo tres espárragos. Sólo deberán sobresalir de la pasta del canelón la yema y un poco de tallo (siempre tierno).

3 Ponga la leche a calentar, y cuando esté sólo templada mézclela con el polvo de la sopa. Una vez bien mezclada póngala a cocer el tiempo que indica cada marca y un poco más.

4 Cuando la sopa se haya espesado, viértala por encima de los canelones ya preparados y colocados en una fuente de horno hasta que se doren por encima.

5 Sirva los espárragos en su misma fuente.

Canelones de pescado

Tiempo de preparación: 50 minutos
Para 4 personas

1 paquete de canelones
Sal
Pimienta
Nuez moscada

Para la bechamel
200 g de cebolla
150 g de mantequilla
1 zanahoria
100 g de salmón
1 l de leche
50 g de harina

Para el relleno
250 g de gambas peladas
250 g de salmón
10 cl de aceite
30 g de maicena
1/2 cebolla
1/2 zanahoria
180 g de crema de leche

1 Cueza las cáscaras de las gambas peladas en agua salada.

2 Prepare el relleno friendo la cebolla y las zanahorias cortadas en rodajitas muy finas. Añada las gambas y el salmón cortado en trocitos.

3 Rehogue todo e incorpore la maizena. Añada la crema de leche, la nuez moscada y salpimente a gusto. Déjelo cocer durante unos 10 minutos.

4 Rellene los canelones (ya ablandados).

5 Haga la bechamel rehogando la cebolla durante unos 6 minutos (hasta que esté transparente), añada la zanahoria rallada y el salmón en trocitos dejándolo rehogar durante 3 minutos más. Añada la harina, la leche (lentamente) y el caldo de cocer las gambas (previamente colado).

6 Déjelo cocer todo sin dejar de remover con una cuchara de palo durante unos 15 minutos, hasta que comience a espesar. Cubra con la bechamel los canelones ya rellenos.

7 Espolvoree con queso parmesano rallado y métalo bajo el grill a gratinar.

Canelones de requesón

Tiempo de preparación: 45 minutos
Para 6 personas

18 canelones
400 g de requesón
500 g de espinacas cocidas y picadas
1 huevo grande
50 cl de leche
50 g de mantequilla
1 cucharada de pan rallado
2 cucharadas de harina de trigo
2 cucharadas de aceite de oliva
5 cucharadas de queso parmesano
Pimienta
Sal

1 Ponga los canelones en remojo dos horas antes, si son de los que no cuecen; si no, cuézalos en agua hirviendo como indique la marca y, en ambos casos, escúrralos con un trapo.

2 En un cuenco, mezcle el requesón, las espinacas, el huevo y tres cucharadas de queso rallado. La mezcla debe quedar consistente; en caso contrario, añádale un poco de pan rallado.

3 Prepare la bechamel poniendo a derretir la mitad de la mantequilla junto con el aceite, Cuando esté derretida, añada la harina, déle un par de vueltas y añada después la leche. Vierta un poco de bechamel en el fondo de la fuente.

4 Ponga los canelones y cúbralos con el resto de la bechamel. Espolvoree con el resto del queso; luego, esparza por encima, en montoncitos, la mantequilla sobrante y meta la fuente en el horno (previamente calentado) a gratinar.

5 Sirva los canelones en su misma fuente.

Canelones de salmón

Tiempo de preparación: 30 minutos
Para 4 personas

250 g salmón sin piel y sin espinas
8 canelones
2 cebollas medianas
100 g de champiñones
3 cucharadas de aceite de oliva
7 cucharadas de salsa de tomate
50 cl de salsa bechamel
50 g de Gruyère rallado
20 g de mantequilla
1/2 limón (el zumo)
Sal

1. Ponga en remojo los canelones en agua fría el tiempo indicado en el paquete.
2. Mientras, limpie los champiñones, córteles la parte del rabo que no esté buena y póngalos en un cazo, picados, a fuego lento y con el zumo de limón. Tápelos y en 10 minutos estarán listos.
3. Déle un hervor al pescado.
4. En una sartén ponga las 3 cucharadas de aceite a calentar, agregue la cebolla picada muy menuda y déjela freír 5 minutos.
5. Separe la sartén del fuego y añada las dos cucharadas de salsa de tomate, el pescado escurrido y desmenuzado, los champiñones, los huevos duros picados, mezcle bien y sale, si es necesario.
6. Rellene con esto los canelones escurridos y póngalos en una fuente de cristal o porcelana resistente al horno.
7. Cubra con la bechamel, previamente mezclada con las tres cucharadas de tomate restantes, los canelones y espolvoree con el queso rallado.
8. Ponga unos trocitos de mantequilla por encima y meta la fuente en el horno previamente calentado y, cuando la capa de encima esté dorada, sáquelos y sirva.

Cintas con espárragos y gambas

Tiempo de preparación: 30 minutos
Para 4 personas

300 g de cintas o tallarines bicolores	10 cl de vino blanco
300 g de gambas	1 cucharada de azafrán
400 g de espárragos	Pimienta negra
Aceite de oliva	Sal
2 dientes de ajo	

- Guise los espárragos y escúrralos bien.
- En una sartén, dore los ajos con un fondo de aceite. Retírelos y añada las gambas peladas y los espárragos triturados.
- Cocine a fuego moderado durante 2 minutos, añada el vino blanco, el azafrán y deje evaporar.
- Hierva las cintas hasta que estén al dente, escúrralas bien y condimente.

Cintas con calabacín y gambas

Tiempo de preparación: 30 minutos
Para 4 personas

Cintas, mejor de pasta fresca	1 cucharada de albahaca fresca picada
300 g de gambas	2 rodajas de guindilla
3 calabacines	Pimienta
4 cucharadas de aceite de oliva	Sal
1 diente de ajo	

- Lave y seque los calabacines y corte su piel gruesa en tiras como para juliana. Resérvelos.
- Cueza las cintas el tiempo que venga indicado en el paquete y escúrralas bien.
- Pele las gambas y resérvelas.
- En una sartén, ponga el aceite a calentar y, cuando esté a punto, eche las dos rodajas de guindilla y el diente de ajo pelado y picado y déle a todo ello una vuelta. Añada los calabacines y las gambas y remueva hasta que dejen de estar transparentes y las pieles de calabacín estén crujientes. Incorpore las cintas escurridas y rehogue todo junto para que quede bien mezclado. Pruebe y salpimiente a su gusto.
- En el último momento, añada la albahaca picada y mezcle bien. Sírvalo en seguida en una fuente o en platos calientes, porque la pasta no debe enfriarse.

Cintas con albahaca y jamón serrano

Tiempo de preparación: 35 minutos
Para 4 personas

450 g de cintas de pasta
200 g de jamón serrano
2 dientes de ajo
60 g de cebolla
30 g de mantequilla
10 cl de nata líquida
1 ramito de albahaca fresca
Queso parmesano rallado
Pimienta
Sal

1 Pele la cebolla y el ajo y píquelos menudos. En una cacerola, derrita la mantequilla y eche la cebolla y el ajo picados y rehóguelos hasta que estén transparentes.

2 Añada la nata líquida, salpimiente y deje que cueza suavemente 8 minutos.

3 Corte el jamón en tiras finas y pique las hojas de albahaca. En cuanto la salsa adquiera consistencia cremosa, añádale el jamón y la albahaca. Detenga la cocción y manténgalo al calor.

4 En una cacerola con abundante agua hirviendo salada, cueza las cintas hasta que estén al dente, escúrralas y repártalas en platos calientes.

5 Cúbralas con la salsa y espolvoréelas con el queso rallado. Sírvalas en seguida.

Cintas con gambas y soja

Tiempo de preparación: 25 minutos
Para 2 personas

200 g de cintas
150 g de gambas peladas
1 cucharada de salsa de soja
1 cucharada de salsa de tomate
1 limón (el zumo)
40 g de mantequilla
Brotes de soja
Sal

1 Cueza las cintas en abundante agua salada hasta que estén al dente. Escúrralas.

2 Mientras se hacen, ponga en una cacerola la salsa de tomate, la salsa de soja y el zumo de limón.

3 Caliente esta mezcla hasta que empiece a cocer.

4 Añada la mantequilla y eche las gambas y los brotes de soja. Rehóguelos hasta que se hagan.

5 Añada las cintas, remueva para mezclar bien y que se calienten.

6 Sírvalo en una fuente previamente calentada.

Cintas con espinacas

Tiempo de preparación: 45 minutos
Para 4 personas

250 g de espinacas congeladas	Parmesano rallado
3 cucharadas de aceite de oliva	2 cucharadas de piñones
2 dientes de ajo	350 g de tallarines

- En una cacerola, ponga agua abundante con sal a cocer y, cuando cueza, eche los tallarines y cuézalos el tiempo indicado en el paquete.
- Mientras, en una cacerola con tres cucharadas de aceite dore los ajos enteros, primero, y a continuación los piñones, que habrá que ir removiendo hasta que empiecen a tomar color.
- Añada las espinacas a la crema y caliéntelas a fuego suave, y luego eche los tallarines escurridos en una ensaladera o fuente algo honda y previamente calentada.
- Incorpore finalmente las espinacas, remueva bien y sírvalo con Parmesano rallado.

Cintas al curry

Tiempo de preparación: 50 minutos
Para 4 personas

500 g de cintas de pasta	1 zanahoria
1 rodaja de piña (puede ser de lata)	1 taza de mayonesa
1 calabacín	1 cucharada de perejil picado
1 cebolla	1 cucharada de curry
2 manzanas verdes	1 limón
50 g de pasas de Corinto	Sal y pimienta

- Raspe la zanahoria y córtela en tiras. Corte en tiras el calabacín lavado, secado con un paño y sin pelar. En una cacerola con abundante agua salada hirviendo, cueza 5 minutos la zanahoria, luego eche el calabacín y déjelo 2 minutos más. Cuando pase este tiempo, escúrralo.
- Cueza las cintas en abundante agua salada. Mientras, ponga en una ensaladera la mayonesa con el curry, las manzanas peladas, cortadas en dados, sin corazón ni simientes, y rociadas con zumo de limón.
- Mezcle bien todo y añada la cebolla pelada y picada menudita, la piña en trocitos y las pasas. Salpimiente a su gusto.
- Una vez cocidas las cintas como se indique en el paquete, escúrralas y échelas en la ensaladera con lo anterior.
- Añada las verduras en tiritas y mezcle bien todo. Póngalo en la nevera hasta el momento de servir, y preséntelo espolvoreado con perejil picado.

Cintas con foie-gras y trufa

Tiempo de preparación: 20 minutos
Para 4 personas

- 500 g de cintas al huevo (se puede mezclar también paja y heno)
- 200 g de foie gras
- 1 trufa
- 60 g de mantequilla
- 10 cl de nata líquida
- 1 cucharada de perejil picado
- Pimienta
- Sal

- Cueza la pasta en abundante agua hirviendo ya salada y, cuando esté al dente, escúrrala y viértala en una fuente de servir previamente calentada, donde habrá puesto antes la mantequilla en trocitos.
- Mezcle bien la pasta con la mantequilla. Aparte, caliente un poquito la nata líquida con la mitad del foie-gras batido en ella.
- Retírelo del fuego y añádale la trufa picada muy finita, sal y pimienta.
- Vierta esta salsa bien caliente sobre las cintas, espolvoree con el perejil picado y sirva inmediatamente en platos previamente calentados.

Cintas con pollo y foie-gras

Tiempo de preparación: 20 minutos
Para 4 personas

- 400 g de cintas de pasta
- 70 g de foie-gras
- 10 cl de caldo de ave
- 1 resto de pollo frío
- Pimienta
- Sal

- Cueza en abundante agua salada las cintas hasta que estén al dente.
- Desmigaje la carne de pollo y el foie-gras. Escurra bien la pasta y vuelva a meterla en la cacerola, añada el pollo y el foie-gras y eche la salsa por encima.
- Mezcle todo y sírvalo en seguida en una fuente honda previamente calentada.

Cintas con marisco

Tiempo de preparación: 30 minutos
Para 6 personas

500 g de cintas de pasta
500 g de gambas grandes o langostinos
1 kg de mejillones
500 g de tomates
5 cl de agua de cocer las gambas
5 cl de vino
2 cucharadas de aceite de oliva
2 dientes de ajo
1 rama de perejil
Pimienta
Sal

1 En abundante agua salada hirviendo eche las gambas y deje que cuezan 3 minutos.

2 Escúrralas, pélelas y reserve las cabezas. Limpie bien los mejillones quitándoles las barbas y póngalos en una sartén o cacerola con el agua de cocer las gambas, el vino y un ramito de perejil a fuego vivo.

3 En cuanto se hayan abierto, retírelos y sáquelos de sus conchas.

4 Cuele el jugo que hayan soltado por un colador metálico con una gasa en el fondo y vuelva a cocer en esto las cabezas de las gambas, aplastándolas bien para que suelten todo su jugo. Filtre el caldo resultante.

5 En una sartén, ponga dos cucharadas de aceite a calentar y, cuando esté en su punto, fría los ajos pelados y picados. En cuanto empiecen a tomar color, añada los tomates en trozos sin piel y sin pepitas.

6 Cuando esté el tomate sofrito, agregue el agua de cocer el marisco y deje que se reduzca la salsa hasta que sea espesita.

7 Pruebe y rectifique de sal y pimienta. Incorpore las colas de gambas así como los mejillones reservados.

8 Cueza, en abundante agua salada hirviendo, las cintas hasta que estén al dente y escúrralas. Mézclelo con la salsa con gambas y mejillones y sírvalo en seguida en platos calientes.

Cintas con mejillones

Tiempo de preparación: 40 minutos
Para 6 personas

500 g de cintas de pasta (mejor si son frescas)
1 kg de mejillones
300 g de gambas
2 cucharadas de aceite de oliva
1 cebolla mediana
1 chalote
1 ramita de apio
10 cl de vino blanco seco
40 g de mantequilla
200 g de nata líquida
20 cl de agua
1 pellizco de azafrán
1 ramillete de hierbas (tomillo, laurel y perejil)
Pimienta
Sal

1 Pele, lave y corte en tiritas finas la zanahoria, el apio, la chalota y la cebolla. En una sartén antiadherente, ponga a calentar 10 g de mantequilla y una cucharada de aceite. Cuando esté, eche 100 g de gambas peladas y cortadas en trozos y las verduras. Déle unas vueltas y deje que se hagan durante 8 minutos.

2 Añada el vino blanco y el agua, así como el ramillete y un poco de sal y pimienta. Tápelo y deje que cueza a fuego suave unos 20 minutos.

3 Mientras, lave y quite las barbas a los mejillones. Póngalos en una cacerola tapada a fuego medio y deje que se abran sacudiéndolos de vez en cuando. Sáquelos y guarde el jugo, colándolo por un colador metálico con una gasa, añádalo a lo de la sartén y deje que cueza a fuego vivo y sin tapar durante 5 minutos.

4 Páselo luego todo por el chino. Vuelva a poner el jugo obtenido en un cazo y déjelo hasta que se haya reducido a la mitad. Añada entonces la nata líquida y el azafrán y deje que cueza 5 minutos más.

5 Pele y rehogue en el resto de mantequilla y aceite las gambas sobrantes (deje algunas sin pelar para adorno). Saque los mejillones de sus conchas (salvo algunos para adorno).

6 Ponga agua abundante con sal a hervir y cuando esté eche las cintas y déjelas cocer según digan en el paquete para que estén al dente. Escúrralas cuando estén y luego añádales todo lo demás removiendo bien para que quede bien mezclado.

7 Sírvalo en seguida en una fuente previamente calentada. Conviene también que los platos de los comensales estén calientes, pues la pasta se enfría en seguida.

Cintas con salmón

Tiempo de preparación: 40 minutos
Para 6 personas

500 g cintas frescas	10 cl de nata líquida
200 g de salmón ahumado	1 puerros
1 cucharada de aceite de oliva	Pimienta
10 cl de coñac	Sal
25 g margarina o mantequilla	

- En una cacerola, ponga abundante agua con sal a calentar; cuando hierva, añada la pasta dejándola cocer hasta que esté al dente. Escúrrala.
- Mientras se cuece la pasta, limpie el puerro de raíces y partes verdes y córtelo en tiras finas como para juliana.
- En una sartén, ponga la mantequilla y el aceite a calentar y eche el puerro. Cuando el puerro esté transparente, añada el coñac y el salmón cortado en tiras y remueva hasta que se deshaga.
- Añada la nata líquida, remueva y deje que se caliente bien, pero sin que cueza.
- Eche esta mezcla sobre la pasta, remueva y deje que se mezcle bien y sírvala en seguida con los platos calientes, pues no es conveniente que la pasta se enfríe.

Cintas con salsa de calamar

Tiempo de preparación: 35 minutos
Para 4 personas

300 g de cintas de pasta	5 cl de vino blanco seco
250 g de aros de calamar	50 g de aceitunas negras
3 cucharadas de aceite de oliva	1 cebolla
50 g de salsa al pesto	Pimienta
150 g de salsa de tomate	Sal

- En una sartén con aceite rehogue la cebolla picada hasta que esté transparente. Añada los aros de calamar, rehogue (1 minuto, para que no se pongan duros) y riegue con el vino, cociéndolo a fuego vivo para que se evapore.
- Añada la salsa de tomate y las aceitunas sin hueso picadas en trocitos y un pellizco de pimienta y de sal. Deje cocer todo durante 10 minutos, agregue el pesto y remueva bien.
- Mientras, ponga la pasta a cocer en agua hirviendo con sal el tiempo indicado en el paquete. Cuando esté, escúrrala y mézclela con lo anterior. Sírvala en seguida en platos previamente calentados.

Coditos con atún

Tiempo de preparación: 50 minutos
Para 4 personas

400 g de coditos de pasta
500 g de atún al natural
1 kg de mejillones
2 cucharadas de aceite de oliva
3 cucharadas de harina de trigo
10 cl de caldo de mejillones
50 g de mantequilla
2 cebolletas frescas
2 yemas de huevo
3 cucharadas de pan rallado
1 cucharada de perejil picado
40 cl de leche fría
5 cl de vino blanco
5 cl de agua
1 limón (el zumo)
Agua
Sal

1 En una cacerola con abundante agua hirviendo salada cueza los coditos hasta que estén al dente. Escúrrala y resérvela.

2 Quite las barbas a los mejillones, lávelos y póngalos en un cazo con el vaso de mitad agua mitad vino con un poco de sal.

3 Cuando se empiecen a abrir, quite los bichos de sus conchas y cuele el caldo por un colador de tela metálica con un paño fino y limpio metido en el colador. Si los mejillones son grandes, córtelos con unas tijeras y resérvelos en su caldo.

4 En una sartén ponga la mitad de la mantequilla y el aceite a calentar; cuando esté derretida, añada la harina y déle unas vueltas con una cuchara de madera.

5 Añada poco a poco la leche y deje que cueza esta bechamel durante 10 minutos. Agregue el atún, bien escurrido y desmenuzado, los mejillones con el vaso de su caldo, el perejil y las cebolletas picadas muy menudas.

6 Pruebe y rectifique de sal; incorpore el zumo de limón y las dos yemas, disueltas en un poco de salsa para que no se corten. Mezcle. Añada los coditos y vuelva a mezclar bien.

7 Ponga esto en una fuente de porcelana resistente al fuego, espolvoree con pan rallado y ponga el resto de la mantequilla en trocitos como avellanas. Introdúzcalo en el horno a gratinar y, cuando esté dorado, sírvalo.

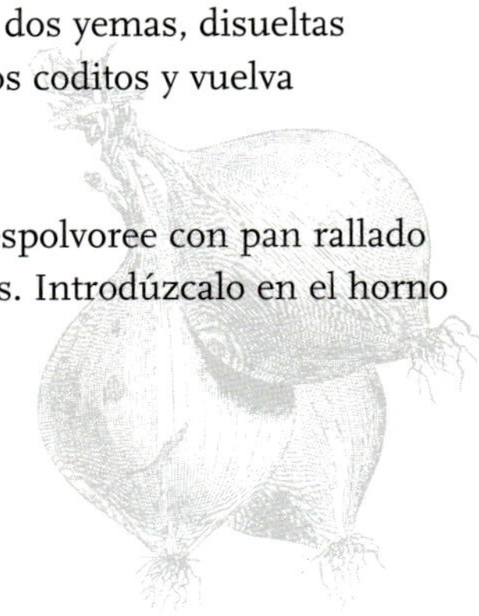

Espaguetis a la carbonara

Tiempo de preparación: 20 minutos
Para 6 personas

500 g de espaguetis
150 g de beicon (2 lonchas gruesas)
4 huevos
80 g de mantequilla
10 cl de aceite
80 g de queso Parmesano rallado
Orégano (un pellizco)
Sal

- Cueza los espaguetis sin cortarlos en agua hirviendo abundante, con sal. Deben quedar al dente. Mientras, quite la corteza al beicon, córtelo en tiras de 1 cm de ancho, fríalo en un poco de aceite caliente y reserve.
- Cuando los espaguetis estén cocidos (entre 10 y 20 minutos, según la clase), escúrralos en un colador grande y cúbralos con un paño limpio para que no se enfríen.
- En un cazo amplio, derrita la mantequilla (sin que dore); añada el beicon frito y los cuatro huevos batidos como para tortilla. En seguida eche los espaguetis, el pellizco de orégano y el queso rallado, y mueva bien todo hasta que esté bien mezclado.
- Póngalos en una fuente honda, previamente calentada, y sírvalos en seguida con los platos también calientes.

Espaguetis con queso y jamón

Tiempo de preparación: 20 minutos
Para 4 personas

1 paquete de espaguetis
100 g de jamón de York
150 g de Gruyère rallado
1 bolita de Mozzarela
1 bolsita de Parmesano rallado
150 g de queso Roquefort
100 g de nata líquida
70 g de mantequilla
Pimienta
Sal

- En una cacerola más bien grande y alta, ponga agua abundante salada a cocer y, cuando empiece a hervir, eche los espaguetis y déjelos en el agua el tiempo que indique el paquete.
- Aparte, corte el jamón en pequeñas tiras, rehóguelo en mantequilla y reserve.
- Mientras, ponga en la batidora la mitad de todos los quesos con la nata líquida y bata hasta que la mezcla sea uniforme.
- Escurra los espaguetis y rehóguelos con la mantequilla en la misma cacerola escurrida del agua. Salpimiente a su gusto. Añada el jamón y la mezcla de la batidora y déle unas vueltas.
- Ponga entonces los espaguetis en una fuente previamente calentada y sírvalos adornados con los cuatro quesos repartidos y puestos en montoncitos (los rallados) o en trocitos (los enteros). Sírvalo en seguida, ya que la pasta no espera.

Espaguetis con calabacines

Tiempo de preparación: 25 minutos
Para 4 personas

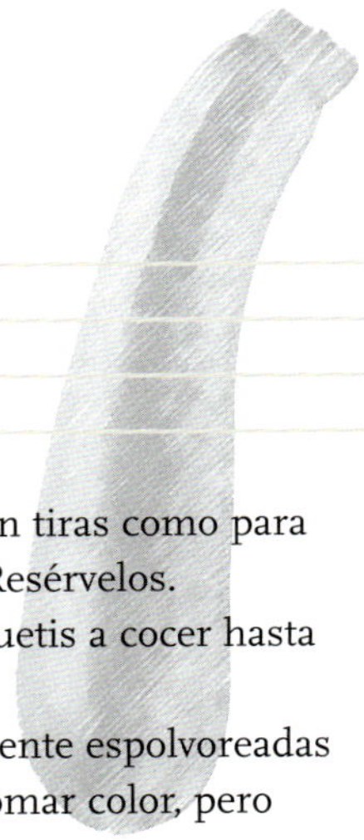

- 400 g de espaguetis
- 4 cucharadas de aceite de oliva
- 3 calabacines pequeños
- 1 pellizco de curry
- 1 diente de ajo
- Sal y pimienta

- Lave y seque con un paño limpio los calabacines y córtelos con la piel en tiras como para juliana (la parte central, guárdela para hacer una crema de calabacín). Resérvelos.
- En una cacerola con abundante agua salada hirviendo, ponga los espaguetis a cocer hasta que estén al dente.
- Ponga el aceite a calentar y rehogue en él las tiras de calabacín previamente espolvoreadas con sal, pimienta, curry y el ajo muy picado. Los calabacines deberán tomar color, pero quedar un poco firmes.
- Escurra los espaguetis y a continuación mézclelos con las tiras de calabacín y su aceite y sírvalos en seguida bien calientes.

Fideos con garbanzos

Tiempo de preparación: 2 horas
Para 4 personas

- 250 g de fideos no muy finos
- 250 g de garbanzos
- 100 g de panceta
- 1 l de caldo de carne
- 5 cl de aceite
- 1 diente de ajo
- 1 ramita de hierbabuena
- 1 pellizco de bicarbonato
- Queso Gruyère rallado
- Sal y pimienta

- Doce horas antes de cocinarlos, ponga los garbanzos en remojo en agua templada con un pellizco de bicarbonato y un poco de sal. Tras el remojo, lávelos bien y póngalos en agua templada con sal a fuego suave, más o menos, entre 90 y 120 minutos (el tiempo depende del agua y de la clase de garbanzos).
- Cuando falten 20 minutos para el final de la cocción, ponga en una sartén el aceite a calentar y, cuando esté, eche el ajo picado y la panceta cortada en tiras pequeñas. Eche después este sofrito en la cacerola y añada el caldo caliente.
- En otra cacerola, cueza los fideos en abundante agua hirviendo con sal hasta que estén al dente. Escúrralos y viértalos en la cacerola de los garbanzos, mézclelo y deje que hierva todo junto un par de minutos. Sírvalo en sopera acompañado del queso rallado.

Espaguetis con gulas

Tiempo de preparación: 50 minutos
Para 4 personas

300 g de espaguetis
300 g de gulas
250 g de gambas
250 g de almejas
250 g de congrio
1 cabeza de merluza
1 cebolla pequeña
3 dientes de ajo
4 cucharadas de aceite
1 ramita de perejil
Azafrán
Sal

1 En un cazo, ponga la cabeza de merluza, un casquete de cebolla, un diente de ajo, la ramita de perejil y agua fría, y deje que cueza durante unos 30 minutos.

2 Lave las almejas y póngalas en otro cazo con un poco de agua. Caliéntelas a fuego vivo. En cuanto se abran, sáquelas y resérvelas con su caldo para que no se sequen.

3 En una cacerola, ponga el aceite a calentar y rehogue en él uno de los dientes de ajo muy picadito. En cuanto empiece a dorarse, añada el congrio en trozos y sin espinas, las gambas peladas, las almejas sin media cáscara y las angulas, todo ello desleído con un poco de agua, y deje que cueza durante 15 minutos

4 Mientras, haga los espaguetis en el caldo de cocer la cabeza de merluza y el de cocer las almejas previamente colados y añádale unas hebras de azafrán y una pizca de sal.

5 Cuando estén cocidos, escúrralos y rehóguelos junto con lo anterior, habiendo quitado antes toda el agua posible. Sírvalo en seguida.

Inés y Simone le aconsejan:

Para que este plato resulte excelente, además de presentarlo en una fuente previamente calentada, conviene que los platos de los comensales también estén calientes.

Fideuà

Tiempo de preparación: 1 hora y 15 minutos
Para 4 personas

500 g de fideos de los más finos
500 g de gambas
400 g de rape en rodajas
6 cigalas
2 dientes de ajo
4 tomates medianos
10 cl de aceite
1,5 l de caldo de pescado
Azafrán en polvo (un pellizco)
1 cucharadita de pimentón
1 cucharadita de sal

1 Pele las gambas. En una cacerola honda, ponga a cocer durante 25 minutos en un litro y tres cuartos de agua con sal, las cáscaras de las gambas, el hueso del rape y, si tiene espinas, de algún otro pescado blanco. Sepárelo del fuego y, cuando esté templado, cuézalo y resérvelo.

2 En una paella o cacerola de barro, ponga el aceite a calentar y cuando esté, eche las cigalas enteras, las colas de las gambas y el rape cortado en dados de 2 cm. Rehogue todo ello unos minutos y después resérvelo en un plato.

3 En este mismo aceite, ponga los tomates pelados, sin simientes y cortados en trozos pequeños. Añada los ajos pelados y muy picados y, en seguida, el pimentón y el azafrán. Rehogue todo ello unos 8 minutos.

4 Eche entonces los fideos, remueva con ayuda de una cuchara de madera y añada un litro y medio de caldo de pescado reservado, póngalo a fuego vivo y deje que cueza 15 minutos.

5 Cuando hayan pasado 12 minutos, eche el pescado reservado, repartiéndolo bien para que quede con buena presentación.

6 Introduzca entonces la paella al horno, que debe estar previamente encendido durante 5 minutos. Sírvalo en la misma fuente o paella.

Ensalada de fusilli

Tiempo de preparación: 20 minutos
Para 4 personas

300 g de fusilli	4 tomates
6 cucharadas de aceite de oliva	3 zanahorias pequeñas
150 g de queso de cabra fresco	1 cucharada de zumo de limón
2 calabacines	Pimienta
1 cucharada de curry	Sal

- Ponga una cacerola con agua a hervir. Mientras, corte el queso en dados y póngalo a marinar en aceite de oliva (4 cucharadas) mezclado con curry.
- Cueza la pasta en el agua hirviendo salada y con una cucharada de aceite y escúrralos, reservando el agua caliente en cuanto estén al dente. Refrésquelos bajo el chorro de agua fría.
- En el mismo agua, cueza los calabacines sin pelar, escúrralos cuando estén cocidos pero aún ligeramente firmes. Deje que se enfríen y córtelos en tiras como cerillas gordas. Corte los tomates en dados.
- Ponga los fusilli en una ensaladera, añada todas las verduras y rocíelas con el aceite de oliva restante. Añada el zumo de limón, salpimiente y mezcle bien todo ello y esparza por encima los trozos de queso de cabra escurridos.

Fusilli al salmón

Tiempo de preparación: 20 minutos
Para 4 personas

1 paquete de fusilli	1 cebolleta fresca
100 g de salmón ahumado	1 ramita de eneldo
Para la salsa	50 g de mantequilla
10 cl de caldo de pescado	1 cucharada de mostaza dulce
10 cl de cava	20 cl de nata
1 cucharadita de caviar	

- En una cacerola con abundante agua hirviendo con sal, cueza la pasta hasta que esté al dente. Mientras se cuece, prepare la salsa poniendo la mantequilla a calentar y, cuando esté derretida, eche la cebolleta picada muy menuda.
- Cuando esté transparente, vierta el cava y deje que se reduzca casi por completo. Agregue el caldo de pescado y deje reducir a un tercio. Añada la nata líquida y deje reducir a la mitad.
- Cuele esta salsa por el chino y resérvela al calor añadiéndole antes la cucharada de mostaza y el salmón cortado en tiras pequeñas. Escurra bien la pasta y mézclela con la salsa.
- Sírvala en seguida en platos previamente calentados.

Fideos a la catalana

Tiempo de preparación: 45 minutos
Para 4 personas

400 g de fideos gordos
250 g de costillas de cerdo
3 salchichas frescas
100 g de tocino magro
1 cebolla grande
3 tomates grandes
60 g de queso rallado
2 dientes de ajo
Hebras de azafrán
Piñones (un puñado)
1 cucharada de perejil picado
1 cucharadita de canela en polvo
1,5 l de agua
Sal y pimienta

1 En una cazuela de barro, ponga el tocino y las costillas (ambos troceados), y rehóguelos hasta que tomen color dorado. Añada entonces la cebolla muy picada y remueva durante 2 minutos.

2 Incorpore los ajos muy picados y, cuando las cebollas se pongan transparentes, agregue los tomates pelados y rallados. Déle unas vueltas y rocíe con agua.

3 Salpimiente a su gusto y añada la canela. Cuando empiece a cocer, eche los fideos y cuézalos a fuego lento durante unos 20 minutos.

4 Mientras, ponga un poco de agua en una sartén y caliente las salchichas durante 5 minutos, tapándolas con una tapadera. Para que las salchichas no se revienten pinchelas con un palillo antes de freírlas.

5 Seguidamente, córtelas en trozos y agréguelas a la cacerola. Añada el perejil picado y el azafrán, majado en el mortero y disuelto con un poco de agua de los fideos. Revuelva bien al echarlo en la cazuela.

6 Eche los piñones y, cuando los fideos estén cocidos, espolvoree el queso rallado, revuelva y sírvalo en seguida.

Lasaña con higaditos y champiñones

Tiempo de preparación: 45 minutos
Para 6 personas

2 paquetes de pasta de lasaña
3 higadillos de pollo
100 g de champiñón
100 g de jamón York
1 cebolla pequeña
3 cucharadas de aceite de oliva
2 cucharadas de harina de trigo
1 cucharada de queso rallado
40 cl de leche entera
40 g de mantequilla
Agua
Sal

1 Cueza las hojas de lasaña como se indique en el paquete y colóquelas en un paño para que escurran.

2 En una sartén caliente, ponga dos cucharadas de aceite y eche la cebolla pelada y picada. Al cabo de 3 minutos, añada los higaditos, limpios de grasa y hiel si las tuviesen, muy picados, así como los champiñones, lavados y también muy picados.

3 Rehogue durante 2 minutos y agregue el jamón, bien picadito. Sale ligeramente, revuelva y reserve.

4 Aparte, con 1 cucharada de aceite, 20 g de mantequilla, la harina y 30 cl de leche, prepare una bechamel espesa, cociéndola durante 10 minutos sin dejar de dar vueltas. Cuando esté lista, sálela un poco y mézclela con 2 ó 3 cucharadas del relleno.

5 En una fuente untada con un poco de aceite o mantequilla, coloque 2 hojas de lasaña. Cúbralas con la mitad del relleno. Coloque encima otras 2 hojas y cubra de nuevo con el resto del relleno. Cubra con las otras 2 hojas de lasaña restantes.

6 Aclare la bechamel sobrante con los 10 cl de leche reservado.Cuézalo 2 minutos más. Deje que se temple y cubra la lasaña con la bechamel.

7 Espolvoree con un poco de queso rallado y esparza por encima unas virutas de mantequilla. Métala en el horno, previamente calentado 5 minutos para que se caliente y se dore, y sírvala en seguida.

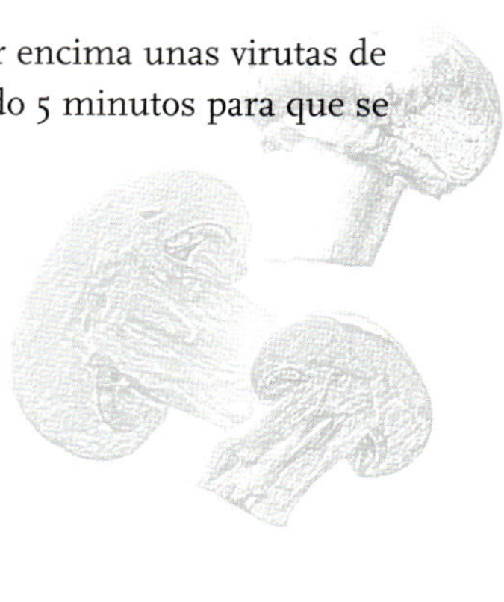

Lazos con verduras

Tiempo de preparación: 30 minutos
Para 4 personas

400 g de lazos de pasta	2 pimientos rojos asados (pueden ser de lata)
1 manojo de espárragos verdes	5 cl de aceite de oliva virgen extra
100 g de guisantes frescos o congelados	1 cucharadita de mostaza
2 tomates maduros para ensalada	1 ramito de albahaca
2 limones	Sal y pimienta

- Lave los espárragos y cuézalos en agua hirviendo con sal hasta que estén al dente. Córtelos en trocitos, cueza los guisantes en agua hirviendo con una pizca de sal.
- Corte los pimientos en cuadraditos y los tomates en cubitos, quitándoles las semillas.
- En un cuenco, bata el aceite con un pellizco de sal y pimienta. Agregue el zumo de los limones y la mostaza y siga batiendo hasta que la salsa esté bien emulsionada.
- Cueza la pasta en abundante agua con sal hasta que esté al dente, removiendo de vez en cuando mientras cuece. Cuando esté, escúrrala y pásela bajo el chorro de agua fría.
- Viértala bien escurrida en una fuente. Añada las verduras y la salsa, mezcle bien y sirva.

Lacitos con aceite, limón y cebolla

Tiempo de preparación: 30 minutos
Para 6 personas

300 g de lazos de pasta	1 limón (el zumo)
10 cucharadas de aceite de oliva	Pimienta
1 cebolla pequeña (60 g)	Sal

- Cueza la pasta en abundante agua salada hirviendo hasta que esté al dente, escúrrala, pásela bajo el chorro de agua fría y deje que se escurra muy bien.
- Mientras, pele y pique menuda la cebolla y mézclela con el zumo de limón, el aceite y un poco de sal y pimienta. Rocíe con esta mezcla la pasta y sírvala.

Macarrones a las trufas

Tiempo de preparación: 30 minutos
Para 4 personas

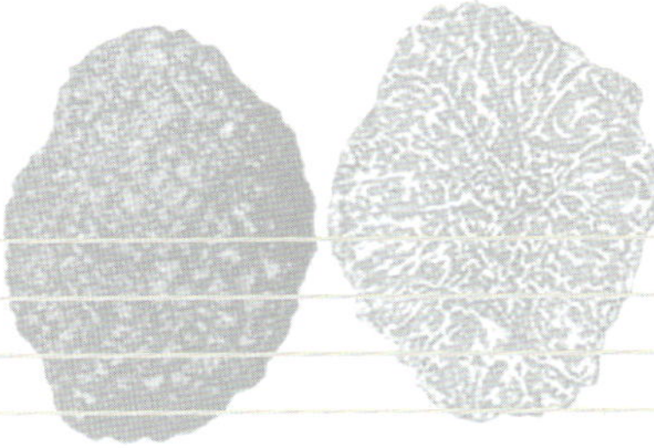

400 g de macarrones
2 trufas bien hermosas
10 cl de caldo de ave
10 cl de nata líquida
1 cebolla mediana
150 g de mantequilla
1 cucharada de perejil picado
75 g de queso rallado
Aceite
Sal y pimienta

1 Ponga los macarrones a cocer en abundante agua salada hirviendo con un chorrito de aceite y déjelos el tiempo que se indique en el paquete (unos 20 minutos).

2 Escúrralos bien y resérvelos.

3 Corte las trufas en láminas de 1 mm de grueso.

4 En una cacerola, ponga un poco de mantequilla (como una nuez) y eche la cebolla pelada y muy picadita. Cuando esté transparente, añada la trufa y rehogue todo junto un par de minutos. Vierta el caldo de ave y deje cocer a fuego vivo un par de minutos.

5 Agregue la nata líquida y deje que cueza otro par de minutos removiendo con una cuchara de madera. Salpimiente moderadamente.

6 Ponga en una cacerola la mantequilla y rehogue los macarrones, añadiéndoles el queso.

7 Coloque los macarrones en platos calientes, disponga en el centro unas láminas de trufa y riegue con la salsa. Espolvoree con el perejil.

Inés y Simone le aconsejan:

La trufa es el hongo más apreciado desde el punto de vista culinario. Su combinación con macarrones es una de las más sencillas y populares. Aunque cortadas en rodajas las trufas impregnan más el plato, consumidas enteras es como permiten disfrutar mejor de su esquisitez.

Macarrones con champiñones

Tiempo de preparación: 30 minutos
Para 4 personas

350 g de macarrones
1 loncha de beicon gruesa de unos 100 g
100 g de champiñones
20 g de mantequilla
4 cucharadas de nata
75 g de queso rallado
2 tomates bien maduros (250 g)
Pimienta
Sal

1. Lave y corte en láminas gruesas los champiñones y rehóguelos en la mantequilla derretida. Cuézalos 20 minutos, escúrralos, refrésquelos con agua fría y reserve.

2. Quite el borde de corteza al beicon, cortándolo en tiras de 0,5 cm. En una sartén caliente el aceite y fría las tiritas de beicon. Retire y reserve.

3. En el mismo aceite, refría la cebolla hasta que se ponga transparente, añada los tomates pelados y cortados en dados y rehóguelos con la cebolla 4 minutos. Añada el beicon y los champiñones escurridos, remueva y salpimienta al gusto.

4. Ponga los macarrones en una cazuela con la nata, déles unas vueltas para calentarlos y añada el refrito de la sartén.

5. Revuelva todo junto para que se caliente y sirva con el queso aparte, para que cada comensal lo eche según su deseo.

Macarrones gratinados

Tiempo de preparación: 45 minutos
Para 4 personas

400 g de macarrones
500 g de espinacas
150 g de beicon ahumado
2 tomates
20 cl de nata líquida
100 g de parmesano
30 g de mantequilla
3 dientes de ajo
Sal

1 Pele, quite las simientes y corte los tomates en cubos pequeños.Quite los rabos y lave las espinacas.

2 Rehogue en la mantequilla derretida el ajo pelado y cortado en láminas finas, añada las espinacas y, una vez que estén deshechas, la nata.

3 Sazone y deje que cueza 5 minutos.

4 Rehogue el beicon en tiras en una sartén bien caliente. Cueza la pasta en agua hirviendo hasta que esté al dente, refrésquela y mézclela con la crema de espinacas.

5 Ponga todo ello en una fuente de horno, previamente untada de mantequilla y con las tiras de beicon en el fondo.

6 Reparta sobre ello los dados de tomate y espolvoree el parmesano rallado.

7 Métalo en el horno y, trasncurridos 15 minutos, ya está listo para servir.

Raviolis

Tiempo de preparación: 2 horas
Para 4 personas

500 g de harina de trigo
3 huevos
Leche (1/2 cáscara de huevo)
50 g de queso parmesano rallado
1 pellizco de sal

Para el relleno

500 g de requesón

Para la salsa

3 cucharadas de aceite puro de oliva
1/2 diente de ajo
100 g de nueces sin cáscara
100 g de piñones sin cáscara
1 cucharada de queso parmesano
Sal y pimienta

1 Coloque la harina en la mesa haciendo un montón y, en el centro, introduzca los ingredientes. Poco a poco vaya amasándolo y trabaje con fuerza.

2 Al adquirir consistencia elástica, forme una bola y cúbrala con un paño para que repose media hora. Transcurrido ese tiempo, espolvoree la mesa con harina y extienda la masa con ayuda del rodillo pastelero, hasta lograr una lámina uniforme de 2 mm de espesor.

3 Ponga la masa a secar en un palo entre dos sillas. Pasados unos minutos podrá doblarla y cortarla más fácilmente. Doble la lámina por la mitad y de nuevo por la mitad y con un cuchillo bien afilado o con la ruedecilla, córtela en tiras. Al separarla y desdoblarla, resultarán unas tiras de pasta como de 1 cm de ancho.

4 Prepare el relleno batiendo el huevo con el requesón y el queso rallado; condimente con sal y pimienta y mézclelo con ayuda de una cuchara de madera. Distribuya en montoncitos sobre la lámina de pasta a una distancia de unos 4 cm cubra con otra lámina, una ambos lados y córtelos con la ruedecilla en forma de semicírculo.

5 Prepare la salsa triturando las nueces, los piñones y el ajo y mezclando poco a poco con el aceite hasta obtener una crema homogénea de consistencia parecida a la mayonesa.

6 Caliente al baño María y, cuando los ravioli estén cocidos y escurridos, páselos a una fuente caliente, condiméntelos por capas con la salsa, espolvoree con queso rallado y llévelos a gratinar.

Inés y Simone le aconsejan:

La pasta rellena o *ripiena* es uno de los platos de pasta de mayor categoría. La cantidad y tipo de relleno deben adecuarse a la forma de la pasta y nunca hay que abusar: la pasta no debe ser el receptáculo del relleno, sino formar parte del plato.

Raviolis de carne y espinacas

Tiempo de preparación: 1 hora y 45 minutos
Para 6 personas

Para la masa
200 g de espinacas cocidas
850 g de harina de trigo
3 huevos
5 cl de aceite de oliva
10 cl de agua
20 cl de caldo de carne
5 cl de vino tinto
15 g de sal
Pimienta

Para el relleno
200 g de carne de cerdo
200 g de carne de ternera
20 g de cebolla
50 g de queso parmesano
1 cucharada de aceite de oliva
1 ajo

1 Haga los raviolis poniendo la harina formando un pozo y en el centro ponga los huevos, el aceite, agua y sal. Amase incorporando la harina hasta que la masa esté lisa y firme. Deje que repose un par de horas.

2 Mientras, prepare el relleno poniendo en una sartén el aceite a calentar y rehogue en él la cebolla y el ajo picados hasta que empiecen a tomar color.

3 Añada entonces la carne en tiras pequeñas, déle unas vueltas para que tome color y agregue luego el vino y el caldo. Deje que cueza suavemente 30 minutos. Cuando falten 10 minutos, añada las espinacas.

4 Pase todo por la batidora para que quede picado menudo. Añada las yemas de huevo y el queso parmesano. Pruebe y rectifique de sal y pimienta.

5 Cuando la masa haya reposado, extiéndala en una capa fina con ayuda del rodillo y úntela con huevo. Ponga sobre ella montoncitos de relleno separados unos de otros y cubra con otra capa fina.

6 Apriete con los dedos en las zonas sin relleno para que se peguen las dos capas y recórtelos luego con la ruedecilla de cortar pasta.

7 Eche los raviolis en una cacerola con agua hirviendo ligeramente salada y con un chorrito de aceite y déjelos unos 5 minutos.

8 Escúrralos y colóquelos en una fuente de horno algo honda, cúbralos con un poco de mantequilla derretida y métalos en el horno a calentar, pero sin que lleguen a gratinarse.

Raviolis vegetarianos

Tiempo de preparación: 45 minutos
Para 4 personas

300 g de harina de trigo
3 huevos medianos
1 yema de huevo
3 claras de huevo
150 g de queso de cabra
4 cebolletas frescas
3 hojas de hierbabuena picadas
1/2 ramito de perejil picado
Aceite de oliva

1 Prepare la masa de los raviolis colocando la harina en la mesa formando un pozo, en el hueco central eche los huevos. Bata los huevos con suavidad hasta que queden batidos como para tortilla.

2 Con ayuda del tenedor, vaya incorporando la harina hasta que los huevos ya no estén líquidos, pero haga esto sin romper la pared exterior de harina para que no se salgan los huevos. A veces, dependiendo de la humedad o del tamaño de los huevos, puede necesitarse algo más de harina.

3 Amase con rapidez y, cuando esté uniforme, envuélvala con una película plástica y deje que repose 20 minutos antes de estirarla.

4 Extiéndala pasado este tiempo y córtela con un cortapastas o con un vaso puesto boca abajo.

5 Mezcle el queso de cabra con las cebolletas picadas, la yema de huevo, la pimienta y las hierbas. En el centro de cada círculo, ponga una cucharadita de queso mezclado con los demás ingredientes y unte los bordes con clara de huevo.

6 Cierre los raviolis y péquelos bien y fríalos unos minutos en aceite. Sírvalos bien calientes.

Rigatoni con espinacas

Tiempo de preparación: 30 minutos
Para 4 personas

- 400 g de rigatoni
- 250 g de espinacas frescas
- 2 lonchas de jamón York
- 20 g de mantequilla
- 20 cl de nata líquida
- 10 cl de vino blanco
- Nuez moscada
- Pimienta
- Sal

- Quite los tallos y raíces a las espinacas y lávelas en varias aguas con abundante agua fría, escúrralas y resérvelas. Cueza la pasta en abundante agua salada.
- Mientras se cuece, corte el jamón en trocitos.
- Ponga la mantequilla a derretir en una cacerola y rehogue en él los trozos de jamón, agregue el vino, añada las espinacas picadas, deje que cueza 5 minutos y añada la nata. Sazone y caliéntelo, pero sin que hierva.
- Escurra la pasta y añádale la salsa con jamón y espinacas.
- Sírvala acompañada de queso parmesano rallado.

Pasta fresca con ajetes

Tiempo de preparación: 25 minutos
Para 4 personas

- 300 g de pasta fresca (cintas, espaguetis)
- 1 manojo de ajetes
- 1 lata pequeña de tomates enteros
- 50 g de queso rallado
- 1 cucharada de romero picado
- 10 cl de aceite de oliva
- Pimienta
- Sal

- Limpie y trocee los ajetes; escurra los tomates, retíreles las simientes y córtelos en dados.
- Caliente el aceite y saltee los ajetes. Retírelos de la sartén y agregue los tomates. Sazone con azúcar, pimienta y sal.
- Cueza la pasta en abundante agua con sal, debe quedar al dente. Escurra la pasta, agréguela a la sartén junto con los ajetes, el tomate y el romero.
- Mezcle bien. Espolvoree con el queso rallado y sirva muy caliente.

Paja y heno con cangrejos

Tiempo de preparación: 60 minutos
Para 6 personas

400 g de paja y heno
500 g de cangrejos de río
1 lata de bisque de cangrejos
10 cl de nata líquida
10 cl de vino blanco
2 zanahorias medianas
1 cebolla mediana
1 hoja de laurel
1 ramita de perejil
1 ramita de tomillo
1 cucharada de aceite
30 g de mantequilla
6 granos de pimienta
2 l de agua fría
Sal

1 Lave los cangrejos en abundante agua fría en el momento de ir a cocerlos (pues si lo hace con antelación, se vacían de su agua). Arránqueles el intestino amargo retorciendo y rompiendo la aleta del centro de la cola, tirando de ella para que salga entero.

2 Ponga en una cacerola 2 litros de agua fría con el vino blanco, la cebolla y las zanahorias peladas y cortadas en trozos, los granos de pimienta, la hoja de laurel, la ramita de perejil, la ramita de tomillo y la cucharada de aceite. Cuando rompa a hervir, meta los cangrejos de manera que queden bien cubiertos de líquido.

3 Avive el fuego y, cuando vuelva a romper el hervor, cuézalos entre 5 y 8 minutos, según el tamaño de la pieza. Pasado este tiempo, escúrralos en un colador grande y luego pele las colas y conserve estas cáscaras de cangrejo.

4 Deslíe la bisque de cangrejos según se indique en la lata o paquete, añada las cáscaras de los cangrejos y deje que cuezan suavemente 15 minutos. Añada luego la nata líquida, vuelva a calentar un poco y cuélelo.

5 Cueza la pasta en abundante agua salada hirviendo, escúrrala y mézclela con la bisque.

6 Caliente las colas de cangrejo a fuego lento en un poco de mantequilla y colóquelas sobre la pasta de forma decorativa. Sirva el plato bien caliente.

Índice de recetas